轻松赚钱

 Qing Song Zhuan Qian
Yi Zhao Ding Bai Zhao

一招顶百招

张 晨 ◎ 编著

中华工商联合出版社

图书在版编目（CIP）数据

轻松赚钱：一招顶百招 / 张晨编著 . -- 北京：中华工商联合出版社，2025.2. -- ISBN 978-7-5158-4198-4

Ⅰ . F830.59

中国国家版本馆 CIP 数据核字第 2025PH8058 号

轻松赚钱：一招顶百招

作　　者：	张　晨
出 品 人：	刘　刚
责任编辑：	吴建新　关山美
装帧设计：	臻　晨
责任审读：	付德华
责任印制：	陈德松
出版发行：	中华工商联合出版社有限责任公司
印　　刷：	山东博雅彩印有限公司
版　　次：	2025 年 4 月第 1 版
印　　次：	2025 年 4 月第 1 次印刷
开　　本：	710mm×1000mm　1/16
字　　数：	110 千字
印　　张：	11
书　　号：	ISBN 978-7-5158-4198-4
定　　价：	59.80 元

服务热线：010-58301130-0（前台）
销售热线：010-58302977（网店部）
　　　　　010-58302166（门店部）
　　　　　010-58302837（馆配部、新媒体部）
　　　　　010-58302813（团购部）
地址邮编：北京市西城区西环广场 A 座
　　　　　19-20 层，100044
http://www.chgslcbs.cn
投稿热线：010-58302907（总编室）
投稿邮箱：1621239583@qq.com

工商联版图书
版权所有　盗版必究

凡本社图书出现印装质量问题，请与印务部联系。

联系电话：010-58302915

前 言

我们正处在一个前所未有的变革时代，科技的迅猛发展、信息的快速传播以及全球化的深入，使得财富积累的路径变得更加多样。以往，财富的积累往往依赖于土地、工厂和资本，传统产业如制造业、农业和贸易占据了经济的主导地位。而如今，互联网、人工智能、新能源等新兴技术正在重新定义财富的来源，信息成为新的"货币"，流量成为新的"资产"。

在这个时代，机会与风险并存。我们见证了许多人的"一夜暴富"，也目睹了很多人在追逐财富的过程中迷失方向。社交媒体上随处可见的成功案例和激动人心的创业故事，但在这些光鲜亮丽的背后，是无数次的失败、试错和重新开始。在这种环境下，传统的"勤劳致富"观念也需要与时俱进。时间和体力固然重要，但如何聪明地工作，如何通过巧妙的资源配置和信息运用来获取财富，显然变得更加重要。

与此同时，全球经济的不确定性也在加剧。经济周期的波动、金融市场的动荡、国际政治的变数，所有这些因素都使得个人财富的管理面临前所未有的挑战。过去十年间，我们经历了金融危机、贸易战、疫情冲击，这些事件无不提醒着我们，财富不仅仅是用来消费的，还需要妥善地管理。在这种大环境下，如何避免财富缩水，如何通过合理的投资和理财手段来抵御通货膨胀和市场风险，成为每一个现代人必须面对的问题。

这些变化催生了一个全新的命题：在这样一个时代，如何通过非传统的路径实现财富积累？如何在看似平凡的日常生活中发掘出隐藏的商机？无论是职场中的打工人，还是渴望通过副业增加收入的普通人，抑或是已经迈入创业道路的企业家，他们都在寻找一种更为高效、灵活且可持续的赚钱模式。

本书的初衷，正是希望通过系统性地梳理各种可复制的赚钱模式，帮助每一个渴望财富自由的人找到适合自己的道路。无论你是刚踏入社会的新人，还是已在职场中打拼多年的资深人士，书中的内容都将为你提供切实可行的方法，帮助你在充满不确定性的环境中找到属于自己的赚钱之道。

本书分为多个部分，涵盖了从主业与副业的平衡、投资理财的技巧，到创业者应具备的思维方式等多个方面。每一个章节都致力于提供切实可行的指导，帮助你通过实践与思考，逐步走向财富自由。书中不仅探讨了经典的理财与投资理念，还结合了现代商业的最新趋势，深入剖析了如何利用信息差创造财富、如何通过合理的预算和开支管理来最大化收入。此外，书中还详细解读了复利的强大威力、通货膨胀对财富的侵蚀，以及在不确定经济环境下的投资策略。

在创业方面，书中提供了许多实用的建议，帮助读者在创业初期避免常见的陷阱，如合伙创业中的风险、轻资产创业的优势，以及如何在"不自由"的创业环境中追求自由的工作方式。同时，书中还强调了个人品牌的重要性，教你如何通过个人IP打造和社交资源的整合来实现个人影响力的最大化。

目　录

第一章　转变思维，打工人也能财务自由

第一节　四种方式教你赚钱 /2

第二节　你要打一辈子工吗 /5

第三节　老板的钱，究竟该怎么赚 /9

第四节　千万不要陷入打工思维之中 /12

第五节　打工人，别让沉没成本拖垮你 /16

第二章　成功者的脑子里都想些什么

第一节　少花钱是一个自我骗局 /20

第二节　想要获利，先学会让利 /23

第三节　时间是最有价值的资产 /27

第四节　赚钱从获取高价值信息开始 /30

第五节　你的钱来自价值交换 /33

第三章　顺势也要借势，活用你的朋友圈

第一节　时代需要什么，你就去做什么 /38

第二节　多向上社交，少向下兼容 /42

第三节　用人赚钱，要给他成就感 /45

第四节　想赚钱，要先学会借钱 /48

第五节　个人 IP，也能挣大钱 /51

第四章　主业求生存，保住你的饭碗

第一节　主业是饭碗，轻易不能丢 /56

第二节　靠谱的主业能养你一辈子 /59

第三节　每种选择，都有成本 /63

第四节　长板理论，做自己最擅长的事 /67

第五节　学习，回报率最高的主业 /70

第五章　副业谋发展，拓宽你的天地

第一节　你真的要做副业吗 /76

第二节　两个维度选定你的副业 /79

第三节　干副业要会"混圈子" /83

第四节　只要赚钱，副业就能转成主业吗 /87

第五节　主业副业该如何平衡 /91

第六章　用钱赚钱，投资理财要讲方法

第一节　家庭财富管理的金字塔 /96

第二节　钱生钱，复利的秘密 /100

第三节　不要小看通货膨胀 /104

第四节　别做盲目从众的"羊" /107

第五节　读懂股债基，投资不迷茫 /111

第七章　创业者思维，风浪越大鱼越贵

第一节　辞职创业，你想好了吗 /116

第二节　创业离不开"996" /120

第三节　合伙人也可能是散伙人 /124

第四节　风险更小的轻资产创业 /127

第五节　事有对错，人没有 /131

第八章　钱是赚出来的，也是省出来的

第一节　别只盯着"整存整取" /136

第二节　会花钱，才更能赚钱 /139

第三节　做预算，让你更会省钱 /142

第四节　便宜货也可能不便宜 /145

第五节　闲置物品，放错地方的财富 /148

第九章　风险管理，看好你的钱袋子

第一节　以贷养贷，赌上的是你的人生 /152

第二节　警惕暴利，天上不会掉馅饼 /155

第三节　网上赚钱，小心诈骗新花招 /159

第四节　加盟背后的陷阱 /163

第五节　合法合规，赚钱有道 /166

第一章

转变思维,打工人也能财务自由

第一节 四种方式教你赚钱

千百年来,"勤劳致富"这一观念深入每一个中国人的内心。勤劳确实是财富积累的重要因素,不过,单靠勤劳却很难实现真正的财富自由。

财富的积累不仅取决于个人的努力程度,还与其所能提供的资源的稀缺性密切相关。一个勤劳的工人和一个勤劳的企业家,尽管他们都付出了巨大的努力,但他们的收入却可能存在显著的差距。这种差距正是由于他们所能提供的资源、创造的价值不同所导致的。所以说,是否能够赚到钱,关键在于你能提供什么样的资源。如果你能够提供稀缺且有价值的资源,那么你能赚到的钱自然就会多一些。

从人类社会最早的物物交换到如今复杂的市场经济,赚钱的方式已经发生了巨大的变革。然而,无论时代如何变迁,所有的赚钱方式归根结底都可以归纳为四种基本模式:出卖体力和时间、让资本增值、贩卖注意力,以及利用信息不对称来赚钱。

一、出卖体力与时间

出卖体力和时间,这大概是大家最熟悉不过的一种赚钱方式。简单来说,就是你付出劳动时间和体力,然后换取收入。但是,这种出卖体力和时间的赚钱方式有个明显的局限,那就是收入的天花板。毕竟,每个人的时间和体力都是有限的,工作时间不可能无限延长,体力劳动的强度也有它的极限。所以，这种赚钱方式的一个难点就是如何在有限的时间内提升收入。如果想要彻底"捅破"收入的天花板，需要在掌握这种赚钱方式的同时，考虑一些其他的赚钱方式。

二、让资本增值

让资本增值，简单来说，就是通过投资来实现"钱生钱"。投资的形式多种多样，比如房地产、股票、债券、基金，甚至还包括古玩和其他小众产品。核心理念就是，把钱投到不同的资产上，利用这些资产的增值或收益来获得回报。

沃伦·巴菲特从小就展现出对投资的兴趣。11岁时，他用自己挣来的积蓄购买了人生中的第一只股票。大学毕业后，巴菲特进入金融领域，并在导师本杰明·格雷厄姆的指导下进一步深入学习了价值投资的理念。1962年，沃伦·巴菲特发现了一家名为伯克希尔·哈撒韦的纺织公司。这家公司当时经营不善，股价低迷，但巴菲特发现它的资产价值远高于市场价格。因此，他开始大量购入伯克希尔的股票。掌控伯克希尔·哈撒韦公司后，巴菲特做出了一个关键决定：放弃纺织业务，转而将公司转型为投资和保险控股公司。他利用伯克希尔的资本收购了一系列优质的公司，包括GEICO保险公司和喜诗糖果公司，为伯克希尔·哈撒韦公司带来了丰厚的利润。通过这些策略，巴菲特成功地将伯克希尔·哈撒韦从一家濒临倒闭的纺织公司转型为全球最有价值的公司之一。

资本增值的关键，在于投资于稀缺性的资源或机会。并非每个人都懂得如何进行有效投资，而这正是投资能够带来可观收益的原因。时间是每个人都有的资源，所以单纯依靠时间和体力很难获得高额回报。相比之下，投资所需的专业知识和信息，才是其稀缺性的核心。虽然投资市场充满风险，但通过学习和实践，大多数人都可以掌握必要的知识，找到适合自己的投资方式。

三、吸引注意力赚钱

在现代社会，注意力已经成为一种稀缺资源，利用这种资源可以带来丰厚的经济回报。这种方式便是"吸引注意力赚钱"，其核心在于通过各种方法吸引人们的关注，然后将这种关注转化为经济收益。

随着互联网和社交媒体的发展，信息爆炸使得人们的注意力更加分散且珍贵。在此背景下，能成功吸引大量注意力的人，便有机会借此赚到钱。例如，社交媒体上的网红通过发布有趣或有影响力的内容，吸引了大量粉丝关注。这些粉丝带来的巨大流量可通过广告、赞助以及产品推广等方式变现。许多网红因此赚取了比传统工作更高的收入，甚至打造出了自己的品牌。

即便是没有特殊才艺的普通人，也可以通过创作网络内容、参与社交媒体互动或经营自媒体来获得收入。这一赚钱方式的关键在于找到自己的独特定位，并持续提供有价值的内容，从而吸引并维持受众的注意力。

四、利用信息不对称赚钱

信息不对称，就是在交易或市场中，一方拥有的信息比另一方更多或更准确。这种信息上的差异，往往能带来巨大的机会。因为掌握更多信息的一方，能在市场中获得更有利的交易条件或更高的收益。利用这种信息优势来创造价值和积累财富，就是我们常说的"利用信息不对称赚钱"。

信息不对称的来源多种多样，可能是专业知识、行业经验，也可能是对市场动态的独特洞察力，甚至是对某些市场变化的提前预知。比如，在金融市场，有些人通过深入研究和分析，能预测到市场走势的变化，从而进行更有利的交易。在二手车市场中，经验丰富的中介往往比普通买家更了解车辆的真实状况和市场价值。他们可能通过独特的渠道获取到关于车辆维修记录、事故历史等关键信息，从而能以更低的价格收购车辆，再以更高的价格出售，赚取中间的差价。

对于普通人来说，虽然没有像专业投资者或中介那样的信息获取渠道，但仍然可以通过学习和研究，在特定领域中获得信息优势。不过相比于前面几种赚钱方式，这种赚钱方式的门槛还是相对较高的。

这四种基本的赚钱方式，实际上揭示了四种不同的财富积累路径。深入理解并掌握这些方式，不仅能够帮助我们更清晰地认识到自己在经济活动中的定位，还能助力我们发现并把握住那些真正适合自己的赚钱机会，从而在财富积累的道路上迈出坚实的一步。

第二节　你要打一辈子工吗

在很多人的职业生涯规划里，打工就像是一条被默认的道路，每个月领着稳定的薪水，一年又一年，感觉既安全又稳妥。但你真打算就这样打工一辈子？真的甘心待在一个位置，每天重复着相同的工作，直到最后带着那点有限的积蓄退休？

这么一听，心里是不是有点不是滋味？打工，说白了就是用你的时间和精力去换钱，也就是前面提到的那种靠出卖体力和时间来赚钱的方式。这一赚钱的方法是线性增长的，不管你多拼，收入也就那么回事，涨也涨不了多少，你想要做到年薪一百万元，那你就要给公司赚回一千万元，甚至更多。

这还要公司老板够仁义，不然的话，你给公司赚了一千万元，最后只拿到一两万元也不是没可能。

再说稳定这事儿，也远不是大多数人想得那么牢靠。打工人常常觉得，只要按部就班地工作，就能保住饭碗，但现实往往不都是这样。科技飞速发展，市场瞬息万变，公司为了适应这些变化，也要经常进行调整。你可能今天还在努力工作，明天就因为某个新技术的出现或者市场的变动，而失去了这份工作。这种不确定性，就像悬在头上的达摩克利斯之剑，随时都可能落下来。

回想 20 年前，打工确实是条改变生活的快车道。随着城市化进程的飞速发展，一大批农民工进城，靠着勤劳和拼搏，攒下了家底，改善了生活。但现在呢？城市化进程慢下来了，时代也变了。再加上人工智能技术的突飞猛进，很多传统的体力活和重复性的工作，正被自动化设备一步步取代。甚至是一些文字、艺术类工作，都已经出现被人工智能取代的征兆。

所以说，打工人要醒一醒，别再把打工当成唯一的出路了。是时候考虑怎么让自己在这不断变化的世界里，找到更宽广的舞台，赚到更多的钱。

霍华德·舒尔茨（星巴克原首席执行官）出生在纽约一个贫困的家庭，从小就见识了贫穷的无奈和打工的艰辛。为了帮助家里分担经济压力，他年轻时做过各种低薪工作，从配送员到酒吧服务生。尽管这些工作收入微薄，但舒尔茨始终没有放弃对未来的希望。他努力学习，最终考上了北密歇根大学。

大学毕业后，舒尔茨进入了一家小型企业工作，他从销售员做起，凭借出色的业绩迅速晋升为销售总监。在这个岗位上，舒尔茨第一次接触到了星巴克。当时，星巴克还是一家只在西雅图有几家店的小公司，但舒尔茨看到了这家公司潜在的巨大市场机会。他决定加入星巴克，从一名打工者开始，用心钻研咖啡文化和市场需求。

不久后，舒尔茨产生了一个大胆的想法：把意大利的咖啡文化引入美国。尽管这个想法最初并未得到星巴克创始人的支持，但舒尔茨却没有放弃。他独自创业，开了一家意式咖啡馆，最终取得了巨大的成功。这也促使他回到星巴克，并成功说服创始人们将星巴克转型为一家以意式咖啡为特色的连锁店。舒尔茨的执着和远见，不仅让星巴克从一家区域性小店发展成为全球咖啡连锁店，也彻底改变了他的人生轨迹。

霍华德·舒尔茨的故事告诉我们，打工并不是人生的终点，而是一个起点，一个可以让我们积累经验、锻炼能力，并最终跳出去追求更大梦想的舞台。打工也不应是一种束缚，而是一种选择。你可以选择留在舒适区，继续做着熟悉的工作，领着稳定的薪水。但你也可以选择跳出舒适区，去追求自己的梦想，去创造更大的价值。关键在于，你要有那份勇气和决心。你要敢于面对未知的挑战，敢于承担可能的风险，敢于追求自己真正想要的生活。因为只有这样，你才能真正地活出自我，实现自己的价值。

当然，要走出打工的舒适区，也并不只有创业这一种方法。创业这条路，不是每个人都能走，也不是每个人都想走的。毕竟，创业需要的不仅仅是勇气和决心，还得有那么点儿运气和天赋。

其实，除了创业，还有一种自由的赚钱方法，那就是成为自由职业者。说白了，就是不受老板管制，靠自己的手艺和本事吃饭。你可能是个设计师，也可能是个程序员，或者是个作家、摄影师，只要你能用自己的专业技能为客户提供服务，那你就能成为自由职业者。

选自由职业这条路，好处可不少。你能自由选择自己喜欢的项目和客户，决定自己什么时候工作，在哪儿工作。甚至，你还能根据自己的能力和市场需求来调整自己的收费标准。这种自由度和灵活性，可不是打工能比的。而且，现在数字化和互联网发展得这么快，自由职业者的市场也越来越大了。越来越多的企业和个人开始寻求外部的专业服务，这也为自由职业者提供了更多的机会。

当然，成为合格自由职业者也不是那么容易。你得有足够的自制力来管理自己的时间和工作，得有足够的耐受力去面对市场的竞争和不确定性。更为重要的是，你要有一定的社会交往能力以及人脉资源，毕竟把活干好是一方面，能找到活才是关键。但话说回来，如果打工的苦你都能承受得了，那自由职业者的这些挑战也一定难不倒你。

一个人得有一份属于自己的稳定事业，心才能安定。打工，对很多人来说，是生活的起点，但它不应该是人一生的归宿。看看现在这个世界，人工智能、信息科技飞速发展，一天一个样。你得跟上这个节奏，不断提升自己，不然，就会被时代给淘汰了。所以，要去寻找更有价值的机会，而不是老盯着打工那点死工资。

你得想想，你想要的究竟是什么？是一份稳定但可能让你觉得乏味的工作，还是一份能让你充满激情、不断挑战自我的事业？如果你选的是后者，那就得勇敢地去追求，别让打工成为你一生的标签。

第三节 老板的钱，究竟该怎么赚

很多人觉得，打工不就是领份薪水，按时按量把工作搞定就完事儿了嘛？但其实，打工远不止是为了那点工资，要是你满足于现状，恐怕一辈子都得在底层打转。要想获取更多的好处，就得主动出击，得用策略，不光要给公司创造更多价值，还得在这个过程中为自己争取更多的机会和资源。

除了工资，你还能从老板那儿"捞"到很多宝贝，比如管理方法、人脉资源、业务能力这些。这些无形资产，将来可能给你带来比工资还要丰厚的回报。所以，工作的时候，别光顾着完成任务，还得多学学公司的管理经验、行业内的门道和业务流程。

说到底，打工最聪明的打法，就是把自己当成一个学生。你得有那种求知若渴的心态，你要用老板的钱给自己交"学费"，学怎么做生意、怎么管团队、怎么拓展人脉。举例来说，销售这个岗位就是打工人的"绝佳选择"。干销售，不光能让你积累实打实的业务经验，还能让你接触到各种各样的客户和行业资源。你跟客户打交道的时候，就能深入了解市场需求，学会怎么推销产品和服务，这些经验都是无价之宝。而且，干销售还能帮你迅速扩大人脉，不管是客户资源还是行业资源，都有可能在未来给你带来意想不到的惊喜。你看，这笔"学费"是老板掏的，但知识和资源可是你得到的。所以说，打工不是简单地出卖劳动力，而是个自我提升和积累的过程。

杰克·韦尔奇，这位通用电气的传奇CEO，也是从打工者一步步爬到顶峰的。想当年，韦尔奇也是个普通的工程师，在通用电气的塑料部门工作。可他不满足于现状，心里头总想着要更大的挑战、更广阔的舞台。于是，他开始四处找机会，什么项目都想参与，拼了命地想给公司多赚钱。

韦尔奇很快就明白了，光干好手头的活儿是不够的，得想办法让自己出彩。他开始主动揽活儿，动脑筋想新点子，甚至在公司里头搞起了改革。碰到问题，他也从不抱怨，直接上手解决，还带着团队一块儿干。这种主动出击、责任心爆棚的态度，很快就让上司们对他刮目相看，升职加薪就像坐上了火箭。

韦尔奇在打工路上，不光赚到了大把的钞票，还通过不断学习和实践，积累了不少管理经验和人脉资源。这些看不见摸不着的宝贝，最后都成了他坐上通用电气头把交椅的基石，带着公司飞向了新的高度。

杰克·韦尔奇的经历生动展现了从"替老板赚钱"，到"赚老板的钱"，再到"做老板赚钱"的职业发展路径，它的故事告诉我们，想要做老板赚钱，首先要在打工时学会赚老板的钱，你得把打工当成一场投资，投入的是自己的时间和精力，赚到的是资源和经验，还有那些看不见但价值斐然的无形资产。

在打工时，你得像个精明的投资者，时刻琢磨着怎么最大化自己的"投资回报"。这意味着，你得主动找机会，学新东西，挑战自己，不断提升自己的价值。得让老板看到，你是个值得他为你交"学费"的人，他为你支付的这点儿"学费"能给公司带来更大的收益。

说到这儿，就得聊一聊一个挺有意思的话题了：老板为你"交了学费"，那你得给公司创造多少价值才行呢？有些人觉得这事儿挺简单的，老板给我"交了学费"，那我就给公司创造等量的价值，这样就算两清了。但实际上，这种想法有点儿不太明智，也太天真了。

老板为什么愿意让你在公司里学这学那，还给你提供各种资源呢？还不是因为他希望你能给公司带来更大的价值嘛！要是你的眼光就落在"学费换价值"这种小打小闹上，那你可就真错过赚大钱的好机会了。你得明白，老板给你的可不光是工资和学习机会，他更希望你能帮公司发展壮大，甚至超出他对你的期待！

首先，你得搞清楚，学习和积累资源那是你自己的事儿，是你个人的收获。而你给公司做贡献，那是你对老板的回报，这两者可不是对等的关系。实际上，你为公司创造的价值越多，你在公司里的地位就越高，老板对你的信任和给你的机会也会越多。

当然，这也并不意味着你就得无条件地给公司卖命、创造价值。你得在保证自己成长的同时，尽可能地给公司贡献你的智慧。这样一来，你不仅能在工作中学到更多东西、提升自己的能力水平，还能在公司里迅速提升自己职位，这可是一举两得的好事。

说到底，刚才聊的这些美好愿景，都得建立在老板乐意为你"交学费"的前提下。但实际上，并不是每位老板都那么慷慨，愿意给员工"交学费"，同样，也不是每家公司都值得你倾尽心力去学习、去做贡献。一旦发现公司内部没什么可学的，老板也不打算帮助你成长，这时候，你就要好好想一想了。

如果一家公司既没个像样的培训体系，工作又缺乏挑战性，成长空间更是有限，那你在这儿恐怕学不到什么真本事。这时候，你得掂量掂量，是否还要继续耗在这儿了。别忘了，时间可是最值钱的，要是在这儿学不到新技能，攒不下新经验,哪怕薪水再诱人,长期来看,对你的职业发展也是杯水车薪。

公司不太行,要是你的顶头上司在管理上也是一塌糊涂,压根儿不关心员工的成长,只想着怎么榨取剩余价值,那你可真得考虑换个地方了。一个好老板,不仅是管着你的上司,更该是你成长路上的引路人。长期缺了这份助力,你的职业道路可就窄多了。

那些只盯着眼前蝇头小利的公司和老板,只顾着赚钱,舍不得花钱培养员工,往往走不远。在这种地方,你不但晋升无望,还可能因为公司运营不善,面临失业的风险。所以,选对公司,跟对老板,才是打工赚钱的王道。

作为打工人,别只盯着眼前的薪水,得把目光放长远一点。这样,你才能在职场上越走越远,最终赚到自己想要的。

第四节　千万不要陷入打工思维之中

做一个安安稳稳的打工人没什么不好的,但千万别带着"打工思维"去打工。打工这事儿本身并不可怕,真正毁掉一个人的是那种"打工思维",它就像是个隐形的牢笼,会让你在职场上动弹不得,把自己的大好前程都给耽误了。

打工思维,说白了就是一种只看眼前一亩三分地,不主动想着怎么去赚到更多的心态。有这种思维的人,整天就琢磨着这个月工资何时发,奖金有多少，完成任务就万事大吉，压根儿不想着怎么提升自己，怎么找到新的赚钱机会。在他们看来，"老板给多少钱，我就干多少活"，这是理所当然的。持有这种思维的人，其实忽略了赚钱最根本的原则：你要是不比别人多付出点儿，就别指望能比别人多赚一点儿。

有个富人，心肠很好，看到个穷人生活很拮据，心想着帮帮他，让他也富起来。于是，他就给了穷人一头牛，还告诉他："你好好开垦自家田地，等春天来了，我再给你带来些种子，到了秋天，你就能摆脱这穷日子了。"

穷人一听，眼睛都亮了，立马开始忙活。可是没几天他就发现，这牛每天都得吃粮食，自己的日子反而比以前还拮据。于是，他心里便琢磨起来："这日子这么难熬，要不我把牛卖了，换几只羊回来。先杀一只吃了，剩下的羊还能生小羊，小羊长大了再卖，这不就能赚更多钱了吗？"

很快他就把牛卖了，买了几只羊。可是，他刚吃完一只羊，小羊还没见到呢，日子就又难过了。他又开始琢磨："这样可不行，要不我把羊卖了换鸡，鸡生蛋快，鸡蛋马上就能换钱，日子立马就能好转。"

他又这么干了，可是日子还是没变，还是很拮据。于是，他又开始杀鸡吃，杀到最后一只鸡的时候，他的赚钱梦就彻底碎了。他想："这赚钱是没希望了，要不我把这最后一只鸡卖了，换壶酒喝，一醉解千愁吧！"

春天很快就到了，那个发善心的富人带着种子兴高采烈地来了。结果，他一进门就愣了，发现这穷人还是家徒四壁，正就着咸菜喝酒呢。富人这才明白，这穷人为什么一直穷了。

这个穷人得到牛之后，首先想到的是怎么解决眼前的吃饭问题，而不是怎么长远规划，让牛帮他创造更多的价值。这就像很多打工人一样，只盯着眼前的工资和奖金，满足于完成手头的工作，却不愿意花时间和精力去提升自己的能力，寻求更多的机会。

穷人的每一次选择，都是基于解决眼前的问题，而没有考虑到长远的发展。他卖了牛买羊，卖了羊买鸡，最后甚至卖了鸡去打酒，都是为了解决眼前的困境，却从来没有想过怎么通过规划，让自己真正富起来。

这就是打工思维的一个典型表现：只关注眼前利益，缺乏长远的规划和目标。这种思维方式会让人在职场上陷入被动，难以有大的发展。

打工思维还有个挺明显的表现，就是总想着"价值对等"，说白了就是"老板给多少钱，就卖多少力气"。这种思维的主要误区在于，跟老板谈对等，本就是一件不现实的事。否则，打工人想获得更高的价值回报，就只能为老板赚到更多的钱。

这种思维在选工作的时候表现得也特别明显，很多人选工作首先就看薪水，却把成长价值给忽略了。工作的平台决定了你的视野有多宽；老板的格局，决定了你的成长空间有多大。要是你只看眼前的薪水，那么可能就会错过在更大平台上积累经验和提升自我的机会。

一个好的平台，加上一个有远见的老板，能给你带来的价值，是远远超过薪水本身的。它们就是你职业发展的重要基石，能让你站得更高，看得更远，走得更稳。所以，选工作的时候，别光盯着薪水看，也得看看这工作能不能让你学到东西，能不能让你有更大的发展空间。

心理学上有个很有名的跳蚤实验。实验一开始，研究人员拿了个玻璃罩把跳蚤罩住，跳蚤一跳就碰到玻璃罩，撞了几次之后，跳蚤就学聪明了，为了不撞疼自己，它就改变起跳的高度，来适应这个玻璃罩。这之后，研究人员逐渐把玻璃罩的高度调低，直到接近桌面的高度。这时候，跳蚤已经变得不会跳了，就像是被困住了一样。最后，研究人员把玻璃罩打开，跳蚤也不跳了，就算是研究人员拍桌子，跳蚤也不跳，而是快速爬行，它已经完全不会跳了。

　　跳蚤的行为，跟现在很多打工人的思维模式相似。他们在心里给自己设了好多层枷锁，把自己困得死死的，"我只是一个打工的，凭什么费心费力帮老板赚钱""当一天和尚撞一天钟，拿一份工资就打一天工"……这些打工人就像被无形的玻璃罩罩住了一样，明明有机会跳出来，却偏偏选择留在里面，实在是可惜！

　　想要跳脱出打工思维，也很简单，搞清楚你是在为谁打工。工作，这可不是"打工"两个字就能概括的，它是你价值的体现，是你荣誉的勋章。别再盯着钱干活了，那种混日子的心态，只会让你停滞不前。要想不断进步，就得时刻想着怎么提升自己。说起来，人生最大的苦，可不是加班加到"吐血"，而是面对生活时那种无助的感觉，还有工作了几十年，却发现自己还在原地踏步的无奈。

第五节　打工人，别让沉没成本拖垮你

想要走打工赚钱这条路，光有决心还不够，还得时刻警惕沉没成本这个隐形的大坑。在职场上，不少人都被沉没成本牵着鼻子走，死守着一份早就没前途的工作，不敢跳槽，不敢创业，结果就这么被拖进了职业生涯的死胡同。

沉没成本就是那些你已经付出的，再也收不回来的成本。很多时候，我们就是因为舍不得那些过去的投入，才对未来可能的改变犹豫不决，生怕一换跑道，之前的努力就都白费了。但实际上，这种心态是要不得的，它让你停在原地动弹不得，错过了一个又一个更好的机会。

举例来说，你在一家公司干了五年，经验攒了不少，人脉也拓宽了，但在公司里晋升无望，薪水也涨不上去。这时候，你就因为舍不得那五年的付出，害怕换个环境自己会不适应，死活不愿意离开，生怕跳槽会让之前的努力都打了水漂。这就是典型的掉入了沉没成本的陷阱，它会让你在错误的道路上越走越远。

为什么会这样呢？说到底，沉没成本考验的是人的内心对不确定性的恐惧。每个人都有一种本能，就是怕被证明自己是错的。一旦遇到质疑，大脑就会立刻把这当成一种攻击，然后启动自我防御机制。这种防御机制，就是

个黏合剂，会把外界的反馈，特别是那些负面的，跟人的自我价值紧紧绑在一起。结果就出现了"人们很难去否认自己过去的选择"这种情况。

因为一旦否认了过去的选择，就等于是在否定过去的自己。人对损失的痛苦感可是要比获益的快乐感强烈得多，这种自我否定的痛苦，没有谁愿意品尝。所以，为了避免承认自己之前的错误，人们往往会选择继续在那些希望不大的事情上投入更多的时间和精力，试图去弥补已经造成的损失，而不是果断地止损。

雷蒙·克罗克（麦当劳创始人）是一位奶昔机推销员，这天他偶然瞄到一张业务报表，上面显示有家叫麦当劳的餐厅，一口气订了8台奶昔机，这在行内可是稀罕事儿，在当时一般店铺顶多能订一两台。克罗克心里咯噔一下，觉得这家餐厅肯定不简单，二话不说，他直奔麦当劳而去。这一趟，算是改变了他的一辈子。

到了麦当劳，克罗克一下子就被那股独特的快餐氛围给吸引住了。他心里琢磨着，这样的快餐店要是能扩大规模，绝对能够风靡全国。于是，他萌生了一个大胆的想法——要让麦当劳在美国遍地开花！

但是，要实现这个梦想，克罗克要付出的代价可太多了：他得丢掉老本行——奶昔机推销工作，还得自己掏腰包去推销麦当劳连锁店的加盟权。更糟糕的是，他的老婆也因为他这个"不切实际"的梦想要跟他离婚。

不过，克罗克没有被这些沉没成本束缚住。他明白，这些看似已经投入且无法回收的成本，其实只是束缚他前进的枷锁。他毅然决然地选择了勇敢地去追求自己的梦想。

六年之后，麦当劳在美国的连锁店就飙升到了200多家。克罗克借了270万美元，把麦当劳这个商标全盘接手，成为麦当劳的真正掌舵人。又过了10年，美国的麦当劳连锁店达到了700多家，克罗克自己也成了超级富豪。

很多时候，就得像克罗克一样，勇于割舍，敢于追求更大的目标。眼光要长远，不能被眼前的小利益绊住了脚！

要摆脱沉没成本的困扰，第一步就要正视自己的恐惧。承认自己过去的选择是错误的，并不意味着你失败了，而是你在反省、在学习、在成长。这就像小时候学骑自行车，一开始总会摔几个跟头，但每次摔倒后爬起来，水平就会提高一些，慢慢地就学会了怎么保持平衡，怎么骑得更快更稳。

在职场上，谁还没栽过几个跟头？关键是学会从失败里找到经验，别总想着怎么遮掩或者否认。能接受失败的人，往往能变得更强大，这一次的失败，说不定就是你未来成功的垫脚石。

能够正视过去的失败后，你还要实事求是地分析一下自己现在的职业状况，问问自己：这份工作还能让我学到东西，得到应有的回报吗？要是觉得前途不那么明朗，就得赶紧准备调整方向，别老惦记着之前投入的那些时间，再拖下去，你将会浪费更多宝贵的时间。

职场可是个风云变幻的地方，形势变化快得就像翻书一样，稍不留神你就可能跟不上节奏了。要想不栽进沉没成本的大坑里，你得学会灵活应对，随时准备调整自己的状态，迎接新的挑战。你得始终对新知识和新技能保持好奇心，别总是守着老一套不放。只有不断学习、不断进步，才能在这瞬息万变的职场中走得更远、更稳。

所以说，你得勇敢地打破那些心理上的束缚，别让自己被过去的选择给绑得死死的。你得去追求更高的职业目标，别满足于眼前的一亩三分地。这样，你才能成为那个永远不会被沉没成本拖累的人，才能在职场这片大海里找到真正的自我，才能扬帆远航，赚到更多的财富。

第二章

成功者的脑子里都想些什么

第一节　少花钱是一个自我骗局

在很多人的心目中，少花钱就像是通往财富宝藏的一条"快车道"。从小时候起，我们就被灌输了勤俭节约的美德，觉得只有把每一分钱都攒下来，就能积沙成塔，就能慢慢堆砌出财富的金字塔。这道理听起来没什么问题，但它就像一幅只画了一半的画，忽略了关键的一笔：真正的财富之道，不仅要捂紧钱包，还要让手里的钱流动起来，这样才能越变越多。

节俭确实可以帮我们积累一些基础的资金，但如果我们把"少花钱"当作唯一的财富策略，那么这种思维方式就会成为一种自我设限，甚至是自我欺骗。

为什么这么说？因为一味省钱的思想，容易让人掉进"越穷越省，越省越穷"的怪圈。普通人省吃俭用，却忘了这些省下来的钱，如果能用在刀刃上，会撬动更大的价值。比方说，你为了省几个钱，不去参加一个能拓展人脉的高端聚会，结果错失了可能让你事业腾飞的机会；又或者为了省几个钱，你放弃了提升自己技能的培训，结果错失了升职加薪的黄金时机。

富人思维与普通人思维的最大区别之一在于：富人更关注如何让自己花出去的钱更有价值，而不是单纯地考虑少花钱。他们知道，钱的真正价值在于流动和增值，而不是躺在银行里睡大觉，或是放在家中当摆设。

美国石油大王洛克菲勒的父亲是个精明的商人，从小就培养洛克菲勒，教他怎么做生意。他手把手教儿子怎么写商业信函，怎么记账才能一目了然，怎么收钱付款才能又快又准。在父亲的熏陶下，洛克菲勒从小就养成了精打细算的好习惯。

7岁那年，洛克菲勒就开始自己张罗起买卖来。他有个存钱的小柜子，里面装着自己的零花钱，每天他都琢磨着怎么把这柜子给填得满满当当的。有一天，他在树林里闲逛，偶然间发现了一窝火鸡蛋，这可把他给乐坏了。一开始，他想着直接把火鸡蛋拿回去卖了换钱，但转念一想，村里人都爱吃火鸡，火鸡可要比火鸡蛋值钱多了。于是，他打定主意，要把这些火鸡蛋孵出小火鸡来，等小火鸡长大了再卖！

说干就干，他拿出存钱柜里的钱，买了一些孵化工具，然后在自己房间里捣鼓起来，没过多长时间他还真就把小火鸡给孵出来了。接着，他又花了一笔钱，把这些小火鸡给养得肥肥胖胖的。等到这一窝火鸡出栏的时候，他存钱柜里的钱果真增加了不少！

这还不算完，卖完了火鸡，他还琢磨着怎么让存钱柜里的死钱变成活钱，让钱生钱。于是，他开始把钱借给农户，等到秋收的时候再让他们还钱加利息。他父亲知道这事儿后，一开始是惊讶得眼睛都瞪圆了，但很快就哈哈大笑起来，夸他儿子这算盘打得比自己还精！

让钱花得更有价值，而不是整天琢磨着怎么少花钱，这才是富人思维的关键。洛克菲勒从小就懂这个道理，他不满足于自己的那点零花钱，脑袋里整天想的都是怎么让这些钱生出更多的钱来。他很清楚，钱不是存着就完事儿了，得让它运转起来，创造更多的价值。这种思维方式，也让他后来在商业上如鱼得水，财富滚滚来。

其实很多时候，当你带着"少花钱"的思维生活时，你会发现，自己每月的开销反而更多了。为什么会这样呢？因为少花钱的思维会让你对每一笔开销都格外敏感，从而放大你对这些支出的重视程度。

比如，当你过度关注电费、水费、燃气费、电话费这些日常开销时，你会发现自己花了很多时间和精力在琢磨如何省下几元钱、几十元钱。而实际上，这些支出是你生活中必不可少的一部分，无论你怎么省，这些钱你迟早都得花出去。然而，由于少花钱思维的影响，你会因为这些支出感到心疼，甚至在一些本该花钱的地方犹豫不决。

这种思维模式会让你在使用金钱方面逐渐失去了主见，不敢做出明智的决策，总是担心钱花得不值。这不仅让你在日常生活中感到压抑，还可能让你错失那些能够真正为你创造价值的机会。

最终，你会在金钱的使用上陷入一种僵局：你一方面不愿意花钱，另一方面却发现自己在不必要的地方花费了更多。这种"捡了芝麻，丢了西瓜"的情况让你无法最大限度地发挥金钱的价值，甚至让你在积累财富的道路上越走越偏。

钱只有在流动中才能产生更多的价值。如果你把钱存进银行，尽管它在缓慢增长，但其增值速度远远赶不上通货膨胀。而如果你把这笔钱投资到一个有前景的项目中，可能会为你带来更高的回报。

这就是为什么富人通常不会拘泥于"少花钱"的道理上，而是更愿意花钱去创造价值。他们会花钱去提升自己的技能、扩大人脉、购买时间或投资高潜力的项目。这些花出去的钱，不是单纯的支出，而是为了未来更大的回报。许多成功的企业家在创业初期并不吝惜花钱去学习和扩展自己的视野。他们参加各种高端培训、结识行业内的顶尖人才，因为他们明白，早期的这些投入将为未来的成功奠定基础。

要真正摆脱"少花钱"的想法，关键在于转变思维方式。与其一味地减少支出，不如把重点放在如何让钱为你创造更大的价值。问问自己：这笔钱是否能够用来提升我的能力？是否能够为我带来更广泛的人脉？是否能够为我创造更大的回报？

"少花钱"看似是积累财富的简单之道，但如果我们只看到表面，而忽略了更深层次的价值创造，那么这种思维方式反而会成为我们的绊脚石。不要让"少花钱"限制了你的财富潜力，学会像富人一样思考和行动，才能真正走向财富自由。

第二节　想要获利，先学会让利

在日常生活中，很多人心里都有自己的"小算盘"，不管是在交易还是合作中，都想着怎么让自己利益最大化。说白了，就是不管做什么事都想先捞到好处，这样自己才不会吃亏。这种心态在生活中随处可见：去买菜，恨不得把价钱砍到脚底板；职场上，也是时刻提防着，生怕自己多干了活儿少拿了钱；做生意，更是巴不得每笔单子都能赚得盆满钵满。

这种"一分一毫都不放过"的思维，往往会让人错过更大的机遇。因为这种只想自己获利，不顾合作方死活的做法是无法长久的，要知道想要赚大钱，需要的是长久的合作。有时候让些利、吃点亏，多展现一些诚意，最后赚得可能会更多。

很久以前,有个叫库兹马的犹太人,开了个古董商行,专门在农民手中收取古董。农民们一缺钱,就会往他这儿跑,把家里的古董一股脑儿地卖给他。这里面,有真的古董,但也有不少是假货。库兹马是个资深古董商,一眼就能辨别出古董的真假,可每次有人来卖,不管古董真假,库兹马都让店员全给收下来。

久而久之,店员实在忍不住,便询问道:"老板,您明知道里面有假货,怎么还全收了呢?"库兹马一听,笑呵呵地说:"我这么做,就是让他们多赚点。你想啊,他们赚了钱,以后有好货也会第一时间往我这儿送。这样一来,我不就能轻轻松松收到更多珍贵的古董了吗?"

原来,库兹马这是在"放长线钓大鱼"。通过让利,让农民们觉得跟他做生意划算,以后有了好货自然就往他这儿送了。这便是富人的赚钱思维——想要获利,先要会让利。

其实,这个道理大家都懂,但有些人就是过不了自己心里那道坎儿,死活不肯让利。为什么呢?主要就是怕"吃亏"。他们心里琢磨着,要是我让了利,对方不就占便宜了吗?那我的回报不就少了吗?所以,他们总想着在每笔交易、每次合作里都多捞点儿好处,哪怕只是眼前的一点儿小利也不放过。

这种思维方式,表面上看挺合情合理的,但实际上却存在很大问题:一方面,它容易让你变得斤斤计较,只盯着眼前的小得失,忽略了长远的利益;另一方面,这种心态还容易让你显得特别自私,合作伙伴或客户一看你这样,心里就不信任你了,长期合作关系也就泡汤了。

举例来说,在生意场上,你总想着在每笔交易里都压榨对方的利润,你的合作伙伴也不是傻子，他们很快就会察觉到的。如此一来，他们就会减少跟你的往来，甚至彻底不跟你合作了。长期来看，这种行为不仅赚不到持续的利益，还会让你在行业里的声誉和人际关系都受损。

更糟糕的是，这种不肯让利的思维还会限制你的成长空间。因为你太关注眼前的得失了，视野就被局限在一个小圈子里，看不到更大的机会和潜在的价值。这也就是为什么很多人的生意越做越小，最后陷入"得不偿失"的困境里出不来了。

自私的人，往往最后都把自己给孤立了。先让别人赚到钱，你自己才能赚得更多。这可不是什么空话，而是真真切切的大道理。

20世纪20年代，云南有个药商，名叫胡庸。他从药农那儿收药材，然后再转手卖给药铺，相当于一个中间商。那时候的药材市场乱得很，药材价格跟坐过山车似的，忽上忽下。为了避免出现损失，很多药商不管市场怎么跌，都死守着原价卖给零售药铺，一点儿也不肯松口。但胡庸不一样，他有自己的一套"生意经"。要是行情跌了，他二话不说，主动就把药材的批发价给降下来，哪怕自己补贴点儿，也要让药铺有利润可赚。同行们一看他这做法，都笑话他傻。可他却说了一句很有水平的话："让别人'赚一点'，只要别人锅里有一份，我们碗里就不会缺一勺。"就因为胡庸一直坚持让别人多赚点儿，很多商铺都愿意找他合作。后来，他的生意不仅没有变差，反而越来越红火。

与普通人的"寸利必争"不同，富人更懂得在关键时刻"让利"，他们明白有时候放弃眼前的小利益，反而能换回更大的收益。这可不是什么玄之又玄的大道理，而是实打实的富人思维。

富人为什么能有这种让利思维呢？其实，这都源于他们对价值创造的深刻理解。他们知道，财富的本质不在于你占有了多少，而在于你创造了多少价值。所以，当他们在合作中让出一部分利益时，实际上是在为未来的长期合作打基础。这笔让出去的利益，也就成了他们的一笔"投资"。靠着这笔"投资"，他们就能吸引更多的合作伙伴，构建更广泛的合作网络，未来的收益自然也就更大了。

富人思维的核心就在于他们懂得在什么情况下让利，以及怎么让利。比如说，他们看到一个有潜力的项目或合作机会时，就会主动让出部分利润，以此来吸引更有实力的合作伙伴。这样一来，项目成功的几率就更大了，而且未来的合作机会和资源也就更多了。

富人还懂得通过让利来建立和巩固人脉关系。不管是在生意场上还是在人际交往中，他们都愿意在关键时刻做出让步，以此来赢得他人的信任和支持。这种人脉关系在未来的合作中，往往能够转化为巨大的财富。

让利不是简单地吃亏，而是一种高明的投资策略，是铺垫未来、创造更大价值的秘诀。那些富人之所以富，就是因为他们懂得往远处看，知道怎么通过让利这招儿，让财富像滚雪球一样越滚越大。普通人要想跟他们一样思考和行动，就得学会这一招儿，别老盯着眼前的短期利益，得有点远见，知道怎么让利才能赚得更多。

第三节　时间是最有价值的资产

普通人在谈论财富时，总爱盯着钱看，但那些富人心里很清楚，时间才是最有价值的资产。金钱可以通过多种方式赚取，但时间溜得比兔子还快，一去不复返。所以，富人对时间的重视程度，远远超过普通人，他们懂得从多个维度去理解和利用时间，把时间的价值榨得干干净净，这样财富自然就滚滚而来了。

富人为什么能积攒下那么多财富？很大程度上是因为他们知道怎么避免时间被白白浪费。普通人则经常会在一些不起眼的小事上浪费时间，比如排长队、刷短视频，一晃眼几小时就过去了。

举例来说，听说有家餐厅特别火，很多人都想去尝尝鲜，但要排一小时队。大多数人为了尝到美味会直接在那领号排队，但也有人为了不浪费时间，宁愿花钱找人代排。这种舍得为时间花钱的做法，就是富人的思维。他们知道这不光是钱的事儿，更重要的是，每等一小时，自己的时间就会少一小时。

有一个危重病人，知道自己的生命即将走到尽头，死神也已经如期而至。在生命的最后时刻，他拽着死神的袖子，恳求说："再给我一分钟，好吗？"死神有些好奇地问他："你要这一分钟干什么？"病人回答说："我想利用这一分钟看看天，看看地，想想我的朋友和亲人。如果运气好的话，我还可以看到一朵花盛开呢！"

死神听后，叹了口气说："你这愿望挺美好的，但我没法答应。为什么呢？因为你之前那六十来年，有的是时间欣赏这些，可你从没像现在这样珍惜过。来，让我来告诉你，你这一辈子是怎么过的：你这一辈子，有三分之一的时间都在睡觉；剩下的三十多年，你老是拖拖拉拉，浪费时间。你几乎天天都在抱怨，抱怨时间过得太慢。上学的时候，你在作业上拖延；长大了，你又把时间浪费在抽烟、喝酒、看电视上。你因为拖延，浪费了36500个小时，换算成天数，就是1520天！你做事有头无尾，马马虎虎，结果还得不停返工，这又浪费掉了300多天。你还经常发呆、埋怨别人、找借口推卸责任。工作时间，你总是和同事闲聊，没事就打瞌睡。你还组织了许多无聊的会议，让更多的人和你一样浪费时间……"

死神本打算继续说下去，但那个危重的病人早已经咽气了。死神又叹了口气说："你要是活着的时候能节约一分钟，就能听完我的话了。可惜啊，世人总是这样，还没等我动手，就自己后悔死了。"

仔细观察身边的富人就会发现，他们对时间的重视，简直就像危重病人对最后一分钟的渴望一样。他们知道自己的每一秒都值千金，绝对不能白白浪费。所以，他们总是把每一分钟都花在刀刃上，要么是学习新知识、拓展业务，要么是陪伴家人、享受生活。时间就是财富，浪费时间就是浪费生命。

富人对时间的重视，还表现在他们愿意为专业的事情付费。对于那些自己不擅长或者得花大把时间的事情，他们会直接花钱请专业人士来帮忙。对于那些生活琐事，或者复杂的法律、财务问题。他们会请专业的管家、律师、财务顾问来帮忙打理。这样一来，不仅省下了大把时间，还能确保这些事情都处理得妥帖、专业、高效。这样一来，富人们就能把时间用在刀刃上了，从而创造出更多财富，不仅享受了生活，还不被那些繁琐的事务缠身。

富人对时间的重视，还体现在他们对自身时间的规划上。富人在时间管理上非常注重规划和优先级的设置。他们每天都会制定详细的日程安排，什么事情重要，什么事情次要，分得清清楚楚，时间也就这么被合理分配了。这样一来，他们每天的工作都井井有条，时间利用效率达到最高，时间的价值也就得到了充分利用。此外，他们还会定期回顾和调整自己的时间管理策略，毕竟，环境和目标都是在不断变化的，确保自己的时间管理策略能随时跟上这变化的节奏。这样一来，他们就能在任何情况下都保持高效和有序。

时间与财富的关系，不仅仅是时间能创造财富那么简单，时间本身就是一笔巨大的财富。想要财富增长？那就得学学怎么减少时间的浪费，愿意为专业付费，这可是迈向成功的重要一步。时间对每个人都是公平的，但富人和普通人对待时间的态度那可真是天差地别。

富人明白有效利用时间就能积累财富，而浪费时间就等于错失良机。在富人的世界里，时间可不是用来挥霍的，它得精打细算，合理投资。所以，普通人想要赚钱，就得学学富人，把时间当回事儿。别再抱怨时间过得慢，也别再把时间浪费在无聊的事情上。要知道，你的每一分钟都是生命的一部分，都值得去珍惜和利用。"时间就像海绵里的水，只要愿挤，总还是有的。"你得学会挤时间，让每一分钟都充满价值，这样才能活出精彩的人生！

第四节　赚钱从获取高价值信息开始

在当下这个"数据大爆炸"的时代，信息已不再是一些简单的数字、文字，而变成一股足以影响财富走向的强大力量。那些高价值的信息，更成为财富的源泉，谁能找到它、抓住它，谁就能赚得盆满钵满。

普通人为什么赚钱那么难？就是因为他们找不到获取高价值信息的门路，也没有能力去挖掘这些信息背后的价值。他们总是在信息的迷雾里瞎转悠，虽然渴望找到那条通往财富的道路，却因为信息的闭塞、滞后，或能力的不足，而一次次错过机会。

富人的财富能够像滚雪球一样不断积累，很大程度上是因为他们掌握并获取利用高价值信息的技巧。他们就像是敏锐的猎手，总能在纷繁复杂的信息中捕捉到对那些高价值的信息，然后迅速采取行动。凭借这种信息差，他们在市场上总能做出先发制人的决策，迅速抓住商机，获取大量财富。

经济学中有一个概念，叫做"信息不对称"，意思是说在一笔交易或决策中，交易双方或参与者之间获取的信息是不对等的，这种不对等往往会导致利益分配的不均。简单来说，就是在交易的舞台上，不是所有人都站在同一起跑线上。信息获取的多少和早晚，往往决定了你能分到多少利益。富人往往是这场"信息盛宴"的主导者，他们总能提前一步捕捉到高价值信息。而普通人则会因为各种原因，无法获取到有用信息，只能在市场的波动中被动地随波逐流。

在股票市场中，这一点表现得尤为明显。富人总是能坐在VIP席上，通过各种渠道获取到公司财报、行业动态、宏观经济数据等高价值的信息。这些信息对于他们来说，就像是一张藏宝图，指引着他们如何在市场中攫取宝藏。

而普通人呢？他们往往只能蹲守在场外，看着那些公开的新闻和简报，试图从中拼凑出市场的全貌。但这样的信息获取方式，往往会让他们处于劣势地位。当他们还在琢磨着新闻里的每一个字眼时，富人可能已经根据那些高价值的信息，作出了精准的决策，坐等收钱离场了。

这种信息获取的差异，简直就像给富人们开了一扇门，让他们能够在市场波动中抢占先机，赚取丰厚利润。而普通人则会因为信息的滞后性，一次次地踩错市场的节奏，遭受损失。这看上去就像是一场不公平的游戏，但游戏的规则就是这样，信息，就是力量，就是财富。

其实，普通人也不用抱怨市场不公平，也不必觉得自己总是慢人一步。有时候，并不是你获取不到高价值信息，而是你没有认识到信息的高价值。这与贫穷和富裕无关，与渠道也无关，只与你的对信息的敏感度和你自身的行动力有关。

1898年7月3日，28岁的伯纳德·巴鲁克正和父母在家享受着难得的闲暇时光。就在这时，广播里突然插播了一条重大新闻：西班牙舰队在圣迭戈被美国海军消灭了，这也意味着持续多年的美西战争也快要结束了。

对于大多数人来说，这不过是一条茶余饭后的新闻罢了。但对巴鲁克来说，这简直就是天上掉下来的金元宝，一个大赚特赚的机会！他就像猎人看到了猎物一样，内心激动不已。他知道只要能比其他投资者先动一步，就能狠狠地赚上一笔。可是，那时候小汽车还没问世，火车到了晚上也不跑了，这也就意味着他不可能在伦敦证券交易所开盘前赶到办公室了。换做一般人，可能也就放弃了，但巴鲁克可不是一般人，他脑袋一转，就想出了一个绝妙的主意：租一列专车！于是，当其他人还在梦乡里遨游时，巴鲁克已经坐着专列火急火燎地赶到了办公室。他二话不说，立刻开始操作，迅速做成了几笔大交易，赚得盆满钵满。

巴鲁克获得高价值信息的渠道并不神秘，他也没有动用什么特殊的手段。他能成功就是靠着自己对信息的敏感度，还有那种说干就干的行动力。他不仅敏锐地捕捉到了信息背后的价值，还迅速采取了行动。在其他投资者还没意识到这条信息的价值时，巴鲁克已经凭借信息优势，占据了市场的先机，成功实现了财富的增长。

所以，想要赚钱，并不一定非要靠什么神秘渠道或者特殊手段，关键还是要看你对信息的敏感度和行动力。就像巴鲁克一样，只要你够敏锐，够果断，你也能在市场中抓住机遇，实现自己的财富梦想。

市场上的财富蛋糕是有限的，那些有钱人自然会想方设法地不想让普通人轻易摸到财富的门槛，更别提那些关键的财富信息了。但话说回来，普通人也不是完全没机会获取高价值信息，只要让自己变得有价值，便有机会去接触到那些高价值信息。

因此，普通人要好好想一想，怎么提升自己的专业能力，或者积累点独特的经验，这样才有机会挤进新的社交圈。因为真正有价值的信息，往往不是从老朋友那儿听来的，而是来自陌生人，或者新的社交环境。多去参加那些高端社交活动、行业峰会，多认识些不同圈层的有价值的人，信息不就来了吗？

互联网这个宝库也是获取高价值信息的一个渠道，虽然效率不是很高，但总比街头巷尾的小道消息要强不少。这里要注意，网上那些高质量的社群，良莠不齐。如果只是一些自称是行业专家的人，那就要小心了，你缴纳的群费很可能会变成自己识破骗局的学费。

除了网络，现实社会中也是存在信息差的，相比于小城市，大城市中会聚集更多的高价值信息。因此，就算你现在没法在大城市扎根，去短期考察一下，参与一些活动，也能让你接触到最前沿的信息。很多在小城市发迹的人，就是先在大城市捞到了超前的信息，然后利用这信息差，迅速积累了财富。

通过这些方法，普通人也能慢慢打破信息获取的劣势，把那些被富人紧紧攥着的信息给"挖"出来，找到属于自己的发财之道。关键就是要主动出击，别等着信息从天上掉下来，要不断提升自己在信息世界里的竞争力，让自己变得"抢手"，这样在未来的竞争中，才能稳稳地占住一席之地。

第五节　你的钱来自价值交换

钱不会无缘无故地从天而降，它总是从一个人的腰包溜进另一个人的口袋。成功者知道财富不是靠变魔术变出来的，而是通过一笔笔交换累积起来的。普通人如果能明白这一点，那距离暴富也就不远了。

想象一下，在没有货币的时代，你擅长做衣服，但对种粮食的手艺却一窍不通。为了获取粮食，你可以动手做几件漂亮的衣服，然后去找那些种粮高手，用衣服换粮食。要是哪天想吃肉了，你还可以拿着衣服去找擅长狩猎的朋友聊聊，说不定又能换回一顿丰盛的肉食。

接下来，你只需一门心思琢磨怎么把衣服做得更精致、数量更多、样式更美观，这样一来，衣服的价值自然就会不断提升。原先一件衣服只能换一斤肉，现在呢，能换两斤了！这意味着你不仅能换肉，还能换到更多你心心念念的好东西！只要你肯下功夫，把衣服做得越来越有价值，你手里的"筹码"就越来越多，能换到的"宝贝"也就越来越丰富。这种直接的物物交换，就是最古老、最纯粹的财富流转方式。

随着社会的发展，货币作为一种衡量价值的工具出现了，替代了直接的物物交换。这样一来，你就不用再受苦受累地拿着一大袋子衣服去跟别人交换肉了。不过，货币只是个中介，它并没有改变交换的本质：你得有拿得出手的东西，让别人觉得有价值，他才愿意从腰包中掏出钱来。所以，想赚钱，先得掂量掂量自己能够提供什么样的价值，让人心甘情愿掏钱买单。这，才是赚钱的真谛。

有个印度商人，手里有三幅名家画作打算出售。一个美国画商一眼就看上了这三幅画，心想怎么着也得买到手。美国画商问："你这画不错，一幅要多少钱？"印度商人反问："您是打算三幅都拿走，还是只挑一幅呢？"美国画商心里盘算着，想先探探一幅画的价格，再合计三幅一起买能不能便宜点儿。印度商人自然也知道美国画商的心思，于是，他装出一副无所谓的样子说："你要是诚心买，一幅250美元，够便宜了。"美国画商也不含糊，想着多买多优惠，俩人就这么讨价还价，僵持不下。这时，印度商人灵机一动，假装火冒三丈，抄起一幅画就往外走，二话不说，当场就把画烧了！见此情景，美国画商目瞪口呆，痛惜地问："那剩下的两幅呢，多少钱？"印度商人强硬地说："两幅，少于750美元，免谈！"美国画商觉得不划算，还想再压价。可印度商人不吃这一套，又是一把火，第二幅画也被烧成了灰。这下美国画商彻底慌了神，只能乖乖掏了1000美元买下了最后剩下的一幅画。

想赚钱，先得掂量自己能提供什么样的价值，让别人心甘情愿掏钱买单。这可不是一句空话，印度商人就用实际行动给我们上了一课。他手里的画作，本身就有着独特的艺术价值，这是基础。但更重要的是，他懂得如何利用这些画作创造出更大的价值。通过烧掉两幅画，他让剩下的画作变得更加稀缺，更加抢手，从而让美国画商看到了这些画作的真正价值，最后高价成交。

赚钱不是靠运气，也不是靠嘴皮子，而是靠我们实实在在能为别人创造多少价值。有价值的东西，自然会有人愿意买单，这就是赚钱的王道。所以，想要赚钱，先问问自己：我能给别人带来什么价值？

你造出了一部功能超强的手机，技术独步天下，设计也是独一无二，你觉得它很有价值，但这并不意味着别人也会这么想。要是你不能让别人也感受到这份价值，那产品再好也变不了现。所以，搞清楚自己能给别人带来的价值后，你还要开动脑筋，把这价值有效地告诉别人。

有人说："这世上最难的两件事，一是把别人的钱揣进自己口袋里，二是把自己的想法装进别人脑袋里。"为什么把别人的钱揣进自己口袋里这么难？原因前面也说了，你得先给别人提供他们需要的价值，这可不是动动嘴皮子那么简单的。

创造价值只是万里长征第一步，更难的是怎么把这价值有效地告诉别人。要是你能把自己的想法装进别人脑袋里，影响他们的思维方式和决策，那他们自然就会心甘情愿地掏钱买你的东西。当别人认同你的价值观和产品理念后，就可能成为你的忠实客户。

这么看来，想从别人口袋里赚钱，不仅要有高价值的产品或服务，还得找到有效的方法把这价值传递出去。不管是讲动人的品牌故事，还是做精准的市场营销，或者是跟消费者深度互动，关键是要让别人理解并接受你的价值。当你的产品能解决他们的问题，满足他们的需求，甚至提升他们的生活品质时，他们自然就会愿意从口袋里掏出钱来。

这就是富人思维：不只关注自己能给别人提供什么价值，更注重怎么有效地传递这些价值。那些成功的企业，都是通过强有力的品牌营销，把他们的价值观、产品理念深深地刻在消费者心里。当消费者认同这些理念时，他们不仅愿意购买，而且还会成为品牌的铁杆粉丝。这种用思想和理念影响消费者的方式，不仅能提升企业的销售额，而且还能增强品牌的忠诚度和市场竞争力。

所以，赚钱的真正挑战在于，你怎么把自己的价值传达给别人，从而在市场中占据主动，吸引更多的财富。能做到这一点儿，你便可以在激烈的市场竞争中脱颖而出。

第三章

顺势也要借势，活用你的朋友圈

第一节　时代需要什么，你就去做什么

在这个飞速变化的时代，机会就像流星，稍纵即逝。富人们之所以能持续累积财富，很大程度上是因为他们擅长跟着时代的节拍，挑中那些时代最需要的领域去深耕。要知道，赚钱这事儿，光靠个人努力是不够的，更关键的是你能不能抓住时代抛给你的红利。

所谓时代红利，就是某个时期因为政策、科技、社会大变革等因素，突然出现的一大波机会，抓住了就能让个人或企业飞速成长，实现弯道超车。富人们往往就是识别并利用这些红利的高手，他们乘着时代的东风，快速积累起巨额财富。

每个时代都有它自己的红利，这些红利通常都是跟着社会的重大变革一起出现的。20 世纪的工业革命、21 世纪的互联网爆发，还有现在的人工智能和新能源革命，都是典型的时代红利。

拿中国来说，20 世纪 80 年代的改革开放，就是一波巨大的经济红利。那些早早进入外贸、制造业和房地产的人，很快就赚到了第一桶金。到了 21 世纪初，互联网开始在全球迅猛发展起来，那些敏锐抓住互联网机会的企业家，如今都建成了自己的商业王国。他们之所以能成功，其实就是看准

了时代的需求,然后毫不犹豫地出手了。所以,要想赚到钱,就得学会识别趋势,抓住时代红利,然后大胆去干!

范德比尔特,出生于纽约港一个普通家庭,11岁那年,他毅然决定辍学,追随父亲的脚步,在渡轮上开始了自己的职业生涯。经过五年的历练,他向母亲借来100美元,购买了一条两桅帆船,开始独立经营曼哈顿与史坦顿岛之间的渡轮生意。

范德比尔特的创业之路并不太顺利,但他凭借敏锐的商业嗅觉和顽强的斗志,一次次战胜对手,逐渐成长为大家都尊敬的行业领袖。然而,范德比尔特并未满足于在航运业的成功。他敏锐地捕捉到时代机遇,将目光投向了更广阔的领域。

50多岁时,正值事业巅峰期的范德比尔特做出了一个惊人的决定:出售整个航运帝国,投身铁路建设,开始全力打造美国历史上第一条横跨北美大陆的铁路。这一前瞻之举让他在第一次工业革命中赚得盆满钵满,建立起了新的商业帝国。

在已经拥有一个庞大的航运帝国之时,范德比尔特依然没有停下扩张的脚步,面对时代的红利,他高瞻远瞩、敢为人先,从时代浪潮之中攫取了新的财富,也使得自己的商业帝国更为稳固。

一个人天生的才华、性格,再加上后天通过学习掌握的技能,这些元素综合起来,就构成了这个人独一无二的能力体系。而这个人能否抓住时代的红利,关键就要看他的能力是否与这个时代相契合。

举例来说,一个人擅长逻辑分析,同时又具备较强的长篇文字创作能力,那么在微信公众号爆火的时候,他就可以凭借运营高质量的公众号来获得关注、积累财富。不过,到了短视频时代、直播带货时代时,用户的注意力被更加碎片化的内容所吸引，长文阅读的受众减少，这时这个人的能力体系可能就不再适应新的时代需求。反过来，那些并不擅长写作，但思维敏捷、擅长表演的人，便可能乘势而起，寻思收获大波流量。

这就是时代红利与个人能力体系契合度的问题，当二者的契合度高时，这个人能轻松地抓住时代红利；而当二者契合度低时，再大的时代红利可能也会与他擦肩而过。

当然，即使你的能力体系与时代红利的契合度不高，也并不意味着你就注定与时代红利无缘。实际上，想要抓住时代红利，往往需要多种能力的支撑。即使你不具备最核心的能力，没法抓住主要的时代红利，也可以通过其他方面的能力来抓住次要的红利。比如，在短视频时代，虽然那些有颜值、有才艺的人占据了第一波红利，但市场上依然存在其他机会，你如果在某一领域之中有深入研究或独到见解，那你也可以通过短视频平台或直播渠道来展示自己的才华，吸引别人的关注。即使当前的能力体系不完全匹配时代红利，你也可以通过不断学习，提升自己并丰富自己的能力体系，从而抓住新的机会。

抓住时代红利，是积累财富的关键，但怎么抓，那得看个人的实际情况了。不管你是谁，从哪出发，想要搭上时代红利这趟财富快车，主要有三条路可以选择：创业、投资、工作。

一、创业——惊险刺激充满无限可能

创业是条既刺激又充满无限可能的路，想要在这条路上走得稳当，你得有敏锐的市场眼光，说走就走的执行力，还得有点儿本钱。那些能在红利期刚开始就冲上去的人，往往能一炮而红，甚至成为行业的领头羊。

但创业也不是闹着玩的，对于大多数人来说，直接创业不是件容易事，特别是在那些高科技的领域，比如人工智能、新能源等。成功的创业者，往往都是行业里的老手，或者是能整合资源的人。他们不仅有足够的资金，还有丰富的行业经验、卓越的管理能力以及强大的抗风险能力。毕竟，创业是一场马拉松，而不是短跑，需要持续的投入与坚持。

二、投资——风险越大，收益越高

如果你有点儿闲钱，但不想自己创业，那投资就是个不错的选择。投资的关键是要有眼光，得能看出哪个企业或项目有潜力，然后瞅准时机，把钱投进去。这样，你就能在企业成长的过程中分到一杯羹，还不用自己操心运营、管理的事。

但投资也不是那么容易的，你得会分析市场，还得会管控风险，这样才能在合适的时候投钱进去，不合适的时候拿钱出来。对于普通人来说，投资是个相对稳妥的方式，既能赶上时代红利，又能通过分散投资来降低风险。当然，投资并不是一夜暴富的捷径，这是每一个想要靠投资赚钱的人都要认清的事实。

三、工作——有下限没上限

对于大多数人来说，创业和投资都不是那么容易上手的，这时候，工作就成了抓住时代红利的主要选择。时代红利一来，就会冒出很多新行业、新岗位，如果你能看出这些行业里的好企业，然后赶紧提升自己的技能，跟上行业的需求，那你就能在这些企业里获得工作学习的机会。工作特别适合年轻人和刚开始职业生涯的人。通过工作，你可以积累经验、提升技能，并逐渐建立起自己的职业网络。也许有一天，你会发现自己已经站在了行业的最前沿，成为那个引领时代潮流的人。

不管是创业、投资还是工作，关键是要根据自己的能力、资源和兴趣，选一条最适合自己的路，然后勇敢地往前走。时代的潮流是不会等人的，但你可以通过明智的选择和不懈地努力，顺着潮流走，实现自己的财富梦想。

第二节 多向上社交，少向下兼容

在积累财富的征途中，人脉资源这股力量，可千万不要忽视。朋友不仅是生活里那些陪你笑陪你哭的人，更是你事业上升路上不可或缺的"天梯"。有了朋友的帮衬和他们的资源，你就能获得更多机会，推开一扇扇通往财富的新大门。所以说，想要赚钱，就要学会怎么利用朋友的资源和影响力。

你的朋友圈、你的人脉网，其实就是一座隐藏的金山。朋友手里握着的可能是你一辈子都难以触及的经验、技能，甚至是直接的财富。所以与其自己"四处乱撞"，不如借他们的东风，找条通往成功的快车道。无论是寻找创业机会、获取投资信息，还是在工作中寻找合适的职位，朋友都能给你提供关键的帮助。比如，一个在你想进入的行业里摸爬滚打多年的老友，一句话就能让你少走弯路；一个掌握着各种各样资源的朋友，说不定就能帮你撬开一块原本你够都够不着的市场蛋糕。

而且，朋友不光能给你递资源，还能直接把赚钱的机会送到你手上。多少好买卖、好投资，都是在朋友之间悄悄成交的。没准儿哪天，朋友就会在无意间告诉你一个刚冒头的好项目，或者哪个行业马上要火了。这时候，你要是耳朵灵光，手脚麻利，那就能在市场上先拔头筹，赚个盆满钵满。

有些时候，朋友的推荐和引荐，也是"金不换"的好东西。在商业江湖里，信任比金子还贵，很多买卖能成，全靠互相信得过。朋友的一句介绍、一声保证，往往就能让你在别人眼里多了几分可信度，合作的大门一下就为你敞开了。所以，维护好你的朋友关系，那可是在给自己的财富之路铺金砖呢！

传统智慧告诉我们，对朋友得一视同仁，这话说的没错，但在现实生活中，要是你真想通过朋友这层关系赚点钱，那就得换个思路，得学会向上社交，不能老是盯着那些跟你差不多或者还不如你的人。

对朋友真心实意，这是人际交往的基石，不管是在生活里还是工作上，真诚都能帮你赢得信任，构建起牢靠的人脉网络。不过，光靠真诚，友谊的小船可不一定能划到财富的彼岸。很多时候，赚钱的关键在于你怎么拓展和提升你的人脉圈，特别需要和那些优秀的人结交。

19世纪20年代，罗斯柴尔德在巴黎是个崭露头角的新人。那时的他遇到了许多人都会遇到的难题：自己一个外来人，怎么才能融入法国上层社会中，并赢得那些贵族阶层的尊敬呢？

经过仔细琢磨，罗斯柴尔德发现当时法国上层社会的日子过得其实挺无聊的。所以他决定好好策划一些社交活动，让这些上层社会的贵族对他刮目相看。为了这件事，罗斯柴尔德可以说是下了血本，他请来顶级的建筑师来设计那些豪华的庭园和舞厅，还特地请了法国知名大厨卡雷梅来给他的宴会做主厨。这些准备使得宴会的豪华程度简直前所未见，慢慢地，就吸引了越来越多的法国贵族。

通过这些让人无法抗拒的宴会，罗斯柴尔德不仅展示了他的财富，更实现了自己融入法国上层社会的强烈愿望。通过这一招，他硬是把自己从一个普通的商人，变成当时法国社会文化和社交领域的领头羊。接下来的几年里，罗斯柴尔德靠着这些上流社交圈的支持，把他的事业做得越来越大。

向上社交，就是和那些在事业上比你走得远、手里牌比你多的人建立联系。就像罗斯柴尔德一样，作为商人的他拥有财富，但却缺少人脉资源和社会地位，因此他要通过结交法国上层社会的贵族，来获得宝贵的人脉资源和社会地位。

而向下兼容，则是指你总是把时间花在那些没你成功，或者能力没你强的人身上。这些朋友在生活中或许能给你一些帮助，但说到事业和赚钱，他们可能就不会起到多大作用了，有时候还可能会拖你的后腿。

所以，与其去"向下兼容"，不如把时间和精力都投入到"向上社交"上。这样，你才能获得真正的实惠。跟那些比你强的人打交道，虽然可能会让你觉得有压力，但正是这种压力，才能逼着你不断提升自己。跟这些人一起工作，你会被他们的思维方式和做事方法所影响，慢慢地，你的能力和眼界也就跟着提升了。要实现向上社交，你要先有个明确的目标，要知道自己想成为什么样的人，想达到什么样的高度。然后，你就要去找那些跟你有同样目标，能帮你实现这些目标的人。怎么找呢？你可以去参加一些高端的社交活动，或者是行业里的峰会、商务会议，主动去接触这些人。

要记住，向上社交可不是单纯地攀附，而是在互利基础上，大家一起找机会共同成长。你得让那些成功人士觉得，跟你交往是有价值的，是能带来好处。比如，你可以给他们提供一些独特的见解，或者帮他们解决一些问题，又或者像罗斯柴尔德一样，满足他们的需求，这样一来，你们之间就能建立起信任和合作的关系。

在这个过程中，你要不断学习、成长，不然的话，你就算进了那个高水平的社交圈，也找不到自己的位置。你要不断提升自己，让自己变得更有价值，这样在跟那些成功人士交流的时候，才能有共同话题，才能赢得他们的认可。

其实，向上社交就像是一场双赢的游戏。你得有自己的筹码，才能和别人玩到一起。所以，别光顾着羡慕别人的成功，也得想想自己怎么才能变得更有价值，这样才能吸引更多的人和你一起玩这场游戏。

第三节　用人赚钱，要给他成就感

无论是老板与员工之间，还是合作伙伴，或是客户之间，如何用人、如何深度挖掘并激发他人的潜在能量？都是关乎成败的关键所在。赚钱这件事，光靠自己拼命是不够的，你还得学会调动好别人，让他们变成你的赚钱助手。而想要实现这一点，给予对方满满的成就感，绝对是个不可不学的高明招数。

成就感是推动人们不断前进的重要动力，谁都希望自己的付出能得到认可，并且能够获得实实在在的好处。如果你能让别人在你的团队或在与你合作时感受到这份成就感，他们就会像打了鸡血一样，心甘情愿地投入更多时间和精力，拼了命也要把事情做到最好。这样一来，你的赚钱目标也就更容易实现了。

大学毕业之后，迈耶找了一份送信的工作勉强度日，但他不甘于平凡，没被这份工作绊住前进的脚步。一年之后，命运的转折点来了，他意外地被巴黎的一家小银行——鲍尔银行相中，成为一名银行职员。在这里，迈耶学到了很多东西，并迅速在银行业崭露头角。

时间来到1925年，拉扎尔兄弟银行的掌舵人大卫·韦尔，慧眼识珠，注意到了迈耶的非凡才华，向他抛出了橄榄枝。迈耶毫不犹豫地接住了这个机会，仅仅两年后，他就晋升成为银行合伙人。在大卫·韦尔的激励下，迈耶没有安于现状，他的心中燃烧着一团火，他不仅要成为出谋划策的智囊，更要亲手操刀，为公司寻觅一些能带来丰厚回报的投资良机。

1928年，迈耶迎来了属于他的高光时刻。拉扎尔银行成为雪铁龙汽车公司的重要股东，而雪铁龙旗下有个叫索瓦克的子公司，专门负责汽车赊销业务。迈耶敏锐地察觉到，索瓦克的潜力远不止于此。他大胆提议，将其转型为一个涉足更广泛消费品领域的赊销巨头。最终，在迈耶的力推之下，索瓦克不仅成功拓展了版图，雪铁龙公司也因此摆脱了资金短缺的困境，迎来了新的曙光。

迈耶之所以能够策划出这样一场漂亮的商业战役，不仅仅是因为他拥有独到的商业眼光，更关键的是，他始终被一种强烈的成就感所驱动。这份成就感，如同导航灯塔，指引着他不断向银行家的巅峰攀登，从未有过一刻的停歇。而给予迈耶满满成就感的大卫·韦尔，显然在这场漂亮的商业战役中赚到了更多。

成就感之所以拥有如此巨大的能量，其背后的心理机制相当微妙。当大脑灵光一闪，冒出一个绝妙的点子时，它会驱使你朝着目标前进，给你提供源源不断的动力。在其推动之下，你会开始行动起来，整个身体也随之进入高效运转状态。

为了让你能保持这种干劲，身体还会分泌肾上腺素，它就像是个助推器，让你能够坚持不懈地推进任务，即使遇到困难也不轻易放弃。但是，如果任务拖得太久，即使多巴胺和肾上腺素的水平仍然很高，你的身体也会开始感到疲惫、焦躁，注意力也难以集中。这是因为我们的神经系统更看重激素的变化趋势，而不是它们的绝对水平。换句话说，如果你没能在疲惫期到来之前搞定任务，你的身体就会开始打退堂鼓，工作效率自然也就跟着下降了。

相反，如果能在疲惫感袭来之前顺利完成任务，你的身体就会分泌出内啡肽这种神奇的激素。这会让你感到平静和满足，进入真正的休息状态。这种状态就像是武侠小说里的"贤者模式"，是身体和心理在获得成就感后的自然回馈。

了解了成就感背后的心理机制后，你就能像掌控了魔法一样，让别人"心甘情愿"地为你赚钱。当你给某个人分配了一个新任务时，他的大脑里就会开始描绘成功的画面，这时候，多巴胺这个"欲望分子"就会悄悄分泌出来，这个人的积极性和专注力也就随之被点燃了。

在项目推进过程中，如果你能成为那个点燃他激情的"催化剂"，时不时给他鼓鼓劲，多聊聊完成任务后能得到的种种好处，那他的肾上腺素就会像火箭燃料一样，让他更加坚定地朝着目标冲刺。

当他最终成功完成任务，达到了你们共同设定的目标时，你的肯定和奖励就会打开他内心的"满足开关"，在内啡肽这种神奇激素的作用下，他不仅会感到满足和自豪，他的成就感也会得到极大提升。这种从内心深处涌出的成就感，比起冷冰冰的金钱奖励，往往能为他带来更持久的动力和更深层次的满足。所以，要想让别人心甘情愿地为你效力，就要学会运用成就感这一"心理魔法"。

不过，给人成就感这一"心理魔法"也不是随便就能用的。你要注意，千万别把目标设得太遥远，让别人感觉像是永远也够不到的胡萝卜，这种"画大饼"的行为，是会起到反作用的。

还有，一旦你承诺了奖励，就一定要兑现，绝对不能食言。不然的话，别人好不容易建立起来的成就感，很快就会转变为对你的憎恶感。谁愿意被一个说话不算数的人牵着鼻子走呢？所以，运用成就感这门"心理魔法"的时候，一定要谨慎又谨慎，确保你设定的目标既能为自己赚到钱，又能让别人顺利达成，承诺的奖励也一定要说到做到。这样，你才能让别人心甘情愿地为你效力，共同创造出更大的价值。

第四节　想赚钱，要先学会借钱

越是有钱的商人，越爱借钱，这在商业世界中已经算不得秘密。那些老练的商人们深知，借钱不仅仅是为了解决手头缺钱的临时办法，更是迅速实现财富增长的重要手段。要想在这个商业世界里玩得转，首先得学会怎么聪明地借钱。

借钱，本质上就是玩转杠杆效应的艺术，它能让你发挥出超乎寻常的力量，去达成那些原本遥不可及的目标。说得直白些，这就是在用别人的银子，给自己铺就一条通往更广阔财富天地的路。这背后的逻辑并不难理解：通过借钱，你可以放大自己的资源和能力，从而抓住那稍纵即逝的机会，顺利实现自己的财富目标。

"杠杆"这个词来自于物理学，指的是利用杠杆可以用较小的力撬动较重的物体。在商业世界中，杠杆效应意味着用少量的资本去撬动更大的财富或机遇。借钱就是一种典型的金融杠杆，通过借款，你手中的可支配资金增加了，便有足够的"弹药"去投资那些规模更大、回报更丰厚的项目或业务。

举例来说，起初你手头有10万元资金，通过借钱，又获得了90万元资金，这样一来，你就能拿着这满满的100万元去投资了。假设你投的这个项目，一年能赚10%，要是你当初没借钱，那10万元一年后也就变成11万元，一年只多赚了一万元。现在你借了90万元，然后把这100万元都投入项目中，一年下来你的资金就会变成110万元，哪怕还了利息，最终剩下的也比不借钱时多得多，这就是借钱生财的魅力所在。

想当初，洛维格还是个小伙子时，就敢向老爸借钱买了一艘别人眼里废铁都不如的柴油机动船。他自己动手，把这破船修好了，还转租给别人，赚到了第一桶金，不仅还了老爸的钱，还剩下了500美元！

到了30岁，洛维格手里头还是只有一艘老掉牙的油轮。换做一般人，可能早就愁得头发都白了，但他脑筋一转，把这艘油轮租给了一家石油公司，然后借着这家公司的信誉，大胆地向纽约大通银行贷了一笔款。有了这笔钱，他立马买了一艘更大的货轮，还动手改装，让它的运输能力增长了不少。接着，他又把这新船租出去，用租金来偿还之前的贷款。

就这样，洛维格一遍遍地用这个方法：借钱买新船，用租金还钱，赚到的利润再投到新的资产上。最后，他成了拥有世界上吨位最大的六艘油轮的大佬，还把手伸到了旅游、房地产、自然资源开发等多个领域，成了一个响当当的商业巨头。

洛维格的故事，简直就是借钱生财的经典案例，它一针见血地揭示了借钱的价值——那就是通过杠杆效应，把你的财务能力放大好几倍，从而实现更大的财富增长。洛维格的厉害之处在于，他知道怎么借，怎么用，怎么还，每一步都走得稳稳当当。他的故事告诉我们，别光盯着手里那点儿钱，得学会用别人的钱来给自己赚钱，这才是真正的大智慧。

不过话说回来，杠杆这东西，就像一把双刃剑，它能让你赚得盆满钵满，也能让你赔得底朝天。借钱投资，说白了就是用别人的钱来赌一把。要是你赢了，那当然好，数钱数到手抽筋；可要是你输了，那可就惨了，不仅赚不到钱，还得背着债过日子。这就是借钱的风险，一旦出了问题，你损失的可不是自己那点小钱，而是借来的大钱。

而且，借钱这事儿，不仅仅是金钱上的交易，很多时候还搭着人情。尤其是向朋友借钱，那可不是简单的借贷关系，里面还掺着信任和感情。朋友之间，一旦涉及借钱，那份纯粹的友情就可能变得复杂起来。你可能会想，我只是暂时借用一下，等我有钱了马上就还。但有时候你计划得再好，也可能因为一些意想不到的原因而无法按时还款。这时候，朋友的信任就会受到考验，而你的信誉也会因此受损。

更重要的是，借钱不还或者没能按时还，很可能会伤了感情。朋友之间，原本是因为相互信任才走到一起的。但如果你因为借钱的事情而让朋友失望，甚至产生了矛盾，那么这份友情就可能因此而出现裂痕。到时候，即使你想弥补，也可能已经来不及了。因为信任一旦失去，就很难再找回。

所以说，借别人的钱去赚钱这事儿，还得三思而后行。在行动之前，你得有个清清楚楚的计划，还得有把事情做成的执行力，得确保你借来的钱能赚回比借款成本更多的利润。借钱多少，得看你的还款能力，别因为一时的冲动，借了一大笔钱，到时候还款压力大得让你喘不过气来。

以防万一，最好再敲定一个应急预案。投资总是有风险的，借钱投资更是如此。在借钱之前，你得把可能出现的最坏情况都想一遍，然后准备好应对的办法。这样，就算真的出了什么问题，你也能从容应对，不至于手忙脚乱。

记住，借钱投资，需要谨慎，谨慎，再谨慎！你不仅要考虑金钱上的风险，还得考虑人情上的风险。毕竟，钱没了可以再赚，但信誉和感情一旦没了，那可就难找回来了。在借钱之前，一定要深思熟虑，确保自己有能力按时还款，不要因为一时的冲动而损害了原本美好的感情。

第五节　个人IP，也能挣大钱

个人IP，就是一个人为了在大家心里留下特定的印象，而特意设计出来的角色形象。随着社交媒体、互联网越来越火，个人IP也成了不少人，尤其是那些自媒体人、网红，还有知识付费领域从业者们赚钱的一大法宝。

美国的豆芽大王鲁几诺·普洛奇，可以说是建立个人IP的先驱与高手。他通过给自己和企业精心打造个人IP，成就了属于自己的商业传奇。

普洛奇在成为豆芽大王之前，只是个普通的创业者。他听说中国的长豆芽生意很赚钱，虽然自己对此一知半解，但他还是想要抓住这一商机。于是，他和合伙人皮沙租了个店面，并将其改造成人工豆芽场，就这么开始了他们的豆芽生意。

为了生产出更好的豆芽，普洛奇聘请日本顾问来帮忙，并从墨西哥大量进货大豆。为了扩大豆芽在美国市场的知名度，普洛奇还花钱在杂志上大肆宣传豆芽的历史和食谱，这一波操作下来，使得普洛奇的豆芽生意一开张就赚到了钱。

但普洛奇不满足于此，他开始琢磨着，要是能打造一个"豆芽大王"的形象，那不就能进一步扩大影响力和市场份额了吗？于是，他找了一家食品包装公司，以自己"豆芽大王"的名头，跟对方谈成了合作，把豆芽装进罐头里卖。

那时正值第二次世界大战，金属罐头紧缺得很。普洛奇担心自己的名气不够大，又自创了一个名为"豆芽生产工会"的行业组织，成功说服了华盛顿的军需生产部门，给他的公司提供了大量罐头盒。这一招儿不仅解决了供应问题，还让他在人们心目中的"豆芽大王"形象更加稳固。

这之后，普洛奇还以"食品联会"的名义在全美国举办市场推广活动，给人一种公司规模庞大、资本雄厚的印象。这一连串的操作下来，普洛奇的"豆芽大王"形象更加深入人心，他的公司也迅速成为市场的主导者。

普洛奇成功的秘诀在于他深谙个人IP的力量。他不仅通过高超的市场推广和品牌塑造，建立了"豆芽大王"的形象，还利用这个个人IP开拓了新的市场，吸引了大量客户。这"豆芽大王"的形象，经过他一番精心设计和运营，不仅让公司名声大噪，还给他带来了滚滚财源。

互联网为每个人提供了一个展示自我的平台，但同时也让人们的真实面貌变得更加模糊。你看到的那些成功的"大咖"，他们在互联网的滤镜下，被赋予了更加立体和完美的形象。这种形象，不仅拉近了与粉丝之间的距离，还成功地塑造了他们的权威性和专业性。

在知识付费领域中，不少人靠着打造"专家"或"导师"的个人IP，成功吸引了大批愿意掏腰包的粉丝。知识付费的核心是信息和知识的买卖，不管是线上课程、电子书，还是付费社群，用户愿意买单，很多时候是因为他们信得过提供内容的个人IP。

这些"专家"通过长期的内容输出和互动，慢慢在特定领域里树立起自己的权威形象。比如说，一个金融分析师，他要是经常发些专业的投资建议、市场分析，那"投资专家"的帽子自然就戴上了。用户一旦认可了这个形象，那他们提供的付费内容，用户自然是愿意掏钱的。

而且，这些"专家"形象的打造，背后往往都有一套精心策划的营销策略。他们会在社交媒体、博客、播客这些平台上，持续输出高质量的内容，不断强化自己的专业形象。同时，还会通过线上线下的讲座、研讨会等活动，进一步巩固自己的专家地位。这种长期的形象打造，让他们在知识付费领域里赚得盆满钵满。

在直播带货领域，个人IP的力量同样不容小觑。跟知识付费领域的"专家"不同，直播带货更看重主播跟观众之间的互动和情感纽带。所以，很多成功的主播都靠打造"知心大姐"或"亲密家人"这样的亲民形象，成功地把观众的信任变成实实在在的购买力。

这些主播在直播里跟观众真诚互动，展现出自己贴心、懂观众需求的一面。他们会给观众推荐性价比高的商品，也会在直播里分享个人生活经验。这些行为都让观众觉得主播"有亲和力""值得信赖"，因此更愿意跟着他们的推荐买产品。实际上，现在很多观众看直播，已经不仅仅是为了买东西了，更是为了跟主播互动，享受这种"陪伴"式的购物体验。

那些成功的直播带货主播，往往能在短时间内卖出大量商品，这背后的秘诀就是他们精心打造的亲民形象。他们通过长时间的直播积累，跟观众建立了深厚的情感连接。所以观众在下单购买时，不仅仅是在买商品，更是在支持自己信赖的主播。

说起来，最早一批靠个人IP赚钱的人，其实是明星。在娱乐圈里，明星们通过各种媒介，塑造出各种五花八门的公众形象，比如"偶像派""实力派""演技小生""邻家小花"等。不管是影视作品、综艺节目，还是广告代言，明星们的个人IP不仅帮他们赢得了粉丝的支持，还吸引了大量的商业合作。

明星的个人IP，都是他们的经纪团队精心打造和维护的。比如，一个明星可能通过演一系列角色，给自己塑造出"硬汉"或者"邻家男孩"的形象；又或者通过出席慈善活动、代言公益广告，树立起"社会责任感强"的公众形象。这些形象不仅让他们在观众心里留下了更深刻的印象，还给他们带来了大量的商业代言和广告机会。

随着社交媒体的发展，明星们打造个人IP的"阵地"也逐渐从传统媒体扩展到互联网平台。现在，明星们通过微博、抖音、小红书这些社交平台，展示自己生活的方方面面，进一步拉近了与粉丝的距离，也增强了个人IP的真实感和影响力。

在知识付费领域，有人靠打造"专家"形象，赚得盆满钵满；在直播带货领域，有人靠亲民形像，把观众变成消费者，提成拿得手软；在娱乐圈里，明星们更是靠各种公众形象，吸引粉丝，拉拢商业合作。个人IP，不仅仅是他们赚钱的工具，更是让他们在竞争激烈的市场里脱颖而出的关键。

只要你精心打造和维护自己的个人IP，你也能在自己的领域里建立起独特的影响力，吸引更多的关注，最终实现商业上的成功。不管你在哪个行业，学会立个人IP，都能为你打开一扇通往财富的大门。

第四章

主业求生存,保住你的饭碗

第一节　主业是饭碗，轻易不能丢

在这个发展的时代，单纯坚守主业，似乎很难顺利实现财富自由，为此，很多人都梦想着找到一条通往财富自由的快车道。但无论你怎样拓宽赚钱的渠道、怎样琢磨赚钱的方法，有个核心原则，就像定海神针一样，绝对不能动摇：主业是你的饭碗，是你生存的根基，轻易丢不得。

主业，就是你赖以生存的那份工作。它不仅是你稳定的经济来源，还关联着你的社会保险、升职机会，甚至是个人成长。很多时候，主业就像一座坚固的经济堡垒，守护着你的日常生活、家庭责任，还有你对未来的憧憬。

特别是当经济环境不稳定时，主业的稳定性就显得更加重要了。这时的主业收入是一份相对靠谱的保障，可以帮你应对日常开销，抵挡生活中的各种不确定。一旦遇到经济波动或市场"变脸"，主业的保驾护航作用就会更加明显，比起副业和投资，主业的稳定收入，才是你最坚实的生存后盾。

不轻易丢掉主业，并不是说不能改换主业，而是说在采取具体行动前要多思考。个人如此，企业也是如此。

一位钢铁界的巨头，临终前把毕生基业都交给了刚踏出大学校门的儿子。这位公子哥，刚一接手这庞大的家业，就在几位亲朋好友的辅佐下，把复杂的钢铁业务给理顺了，算是平稳度过了接班的第一道坎儿。

但实际上，这位少东家对钢铁行业没有多大兴趣。他真正想做的是资本投资，是那种不用费力就能赚到大钱的行当。凭借着在国外留学时学到的一些投资本领，他出手不凡，几笔大投资下来，赚得盆满钵满。

可他这么一搞，家里的亲朋好友都不干了。他们觉得，比起那些虚无缥缈的资本运作，大家还是更擅长做实实在在的钢铁生意。于是，一场家庭内部的"权力斗争"悄然上演。结果，这位少东家力排众议，硬是要放弃钢铁主业，推动企业转型。可没想到，这一转型，就转出了大问题。一年折腾下来，钢铁业务量大减，投资也连连受挫。最后，这家曾经如日中天的企业，就像一栋轰然倒塌的高楼大厦，瞬间变成一片废墟。

这件事说明了一个道理：有时候，个人也好，企业也罢，折腾并不一定是好事，坚守本业，才是王道！

在追求更高收入或是创业梦想的路上，不少人都会琢磨着，要不要把现在的主业给丢了。但很多时候，这丢掉主业可能带来的后果，往往都被大家给忽视了。总结来说，丢掉主业这事儿，主要可以分为两种情况，一种是自己放弃、主动不要的，另一种是形势所迫、不得不丢的。

先说主动放弃的情况，你在职场摸爬滚打多年，积累了一定的经验后，可能会觉得当前的主业收入不高，发展空间也有限。于是，心里就开始琢磨：要不要放弃主业，投身副业或创业呢？特别是当你看到身边的朋友通过副业或创业赚得盆满钵满时，这种想法就会变得更加强烈。

主动放弃主业的动机，说白了就是两个：一是想追求更高的收入，二是想寻求新的挑战，满足自己的个人兴趣。这两种动机都可以理解，也没什么问题，但主动放弃主业的这种选择可不是闹着玩的，这里面的风险可大得很。

副业或创业，表面上看起来前景广阔，但实际上呢？市场竞争激烈、资源有限、资金压力大，这些问题都可能让你在短时间内无法实现预期目标。特别是当副业或创业初期收入不稳定时，经济压力就像一座大山，压得你喘不过气来。

要明白，主业可是你的"钱袋子"，提供了稳定的收入和福利保障。这是你面对不确定性时的安全网。一旦主动放弃主业，新的尝试又失败了，那你不仅可能面临资金短缺的局面，还可能在回归职场时发现自己难以重新找到满意的工作。

而且，职业经验、人脉资源、专业技能等，都是你多年来努力积累的成果，放弃主业，就意味着这些成果可能无法继续发挥作用。即使你在新的领域中尝试，也未必能有效利用这些资源。所以，风险与收益的平衡就显得尤为重要了。如果你决定主动放弃主业，那一定要有充分的准备和合理的规划。要确保副业或创业能够逐步替代主业的收入，并考虑到可能出现的最坏情况。别盲目跟风，别一时冲动，要三思而后行。

再说被动放弃主业的这种情况。如果说主动放弃主业的人，还可以考虑，还拥有选择，那被动放弃主业的人，就只能无可奈何地接受这一切，没有选择，没有退路。

主动放弃主业，那还算是有勇气、有追求。但被动放弃呢？多半是因为你在当前岗位上没有不可替代性，被职场给淘汰了。这听起来有点残酷，但这就是现实。在职场这个竞技场上，企业要通过优胜劣汰来保持团队的高效运转，如果你在某个岗位上缺乏关键技能，或者无法持续为公司创造价值，那随时都可能面临被替换的风险。

被动放弃主业的情况，多发生在那些职业发展停滞不前，或者没有及时适应行业变化的人身上。现在的社会，技术进步那么快，行业变化那么频繁，许多传统的岗位都被自动化或者新的技能需求给取代了。如果你没能在职业生涯中不断学习和提升自己,那最终就可能被新一代的竞争者给取代。

而且,被动放弃主业的后果往往更为严重。这不仅意味着你失去了稳定的收入,还可能让你在重新找工作时面临更大的挑战。特别是当你所在的行业整体都在下滑时,重新就业的机会就会变得非常有限。到时候,你可能需要重新接受培训,甚至转行。所以说,35岁真的是一个坎儿。在这个年纪,如果你还没有在职场上站稳脚跟,没有积累足够的经验和技能,那就真的要小心了。因为一旦过了这个年纪,再想在职场上有所突破,那就更难了。

所以说,主业是你的生存保障,是你在复杂多变的社会环境中站稳脚跟的重要基础。轻易丢掉主业,可能会让你陷入不可预知的困境。因此,无论何时何地,保住你的主业,确保你的饭碗稳固,是每一个职场人都应当牢记的原则。

第二节　靠谱的主业能养你一辈子

主业是吃饭的碗,轻易丢不得,要想手里总能有这碗,就得找一个能穿越各种经济周期的主业。不管外面的世界怎么变,总有些职业领域,凭着它们那独一份的稳当劲儿,能在市场上屹立不倒。在这样的行业里、岗位上工作,才算是有靠谱的主业。

那么,这些靠谱的主业都有哪些特征呢?

首先，抗风险能力要强。靠谱的主业往往不容易受到市场波动的影响，即使在经济衰退或行业洗牌时，也能提供相对稳定的收入。这样的职业通常处于刚需行业，无论外部环境如何变化，始终有稳定的需求，可以让从业者心里不慌。

其次，靠谱的主业通常具有较长的生命周期。随着技术的发展和市场需求的变化，有些行业会快速兴起，但也可能迅速消亡。相比之下，靠谱的主业往往能在长时间内保持稳定，并且行业本身也具有持续发展的潜力，为从业者提供长久的职业保障。

再者，靠谱的主业通常具备较高的专业壁垒。这意味着，进入这些领域需要特定的知识、技能和经验积累，门槛较高。这些专业壁垒不仅保护了从业者的职业安全，还增加了工作岗位的稀缺性和不可替代性，使得从业者在职业生涯中更具竞争力。

最后，靠谱的主业还需要具备良好的职业发展路径。一个能够长期养你一辈子的主业，不仅仅是当前的收入水平高，更重要的是它能提供持续的职业成长机会。通过不断学习和提升，你可以在职业生涯中获得晋升，扩展自己的职业版图，确保长久的职业安全感。这样的主业才能让从业者看到未来的希望，愿意投入时间和精力去深耕细作。

从当前的市场环境来看，符合这些特征的靠谱主业其实不少，但如果将就业机会均摊到每个人身上，那还真是不算多。

一、体制内工作："上岸"即稳定

体制内的工作，如公务员、事业编或是国企员工，那可是大家公认的"铁饭碗"。这些职位不光能给你带来稳定的收入，还附带着一系列的福利和社会保障，简直就是全方位为你的后半生保驾护航。

在经济波动时，你会发现，体制内就像避风港一样，受到的影响相对较小。外面的风浪再大，里面还是一片安宁。也正因此，对于很多人来说，体制内的工作就是安全感和长期发展的代名词。只要你不做什么违法乱纪的事，体制内的职位就能稳如泰山。

所以，如果你希望在职业生涯中寻求稳定，确保自己的生活质量不受外界影响，那么进入体制内无疑是一个明智的选择。当然，正因为如此安稳，现如今想要考进体制内也要比之前难上许多。毕竟，好饭碗不是那么容易就能端上的。

二、医疗保健：永不过时的主业

世道变来变去，但有一样东西，一直没有改变，那就是人们对医疗的需求。不管经济状况好还是不好，生病了总得看医生。医生、护士、药剂师这些职业，也成了社会上的香饽饽，地位高，前途好，收入也是稳稳当当的。

现如今，人口老龄化越来越严重，大家对健康的需求也越来越高，对医疗保健行业的需求，也会跟火箭一样，噌噌往上涨。进了这个行当，你就等于拿到了一张长期饭票，只要能力水平足够，就业机会也不会少。

当然，想在这个行业里混得风生水起，也不是那么容易的。一方面，你得有真本事，有自己的专业技能，这种人命关天的事，不专业就是一种罪；另一方面，你得有毅力，能吃苦。只有这样，你才能在这个行业里站稳脚跟，长期发展下去。所以说，这医疗保健行业虽然是个香饽饽，但也不是那么容易就能吃到嘴里的。

三、内容输出：形式千变，内核不变

内容输出不是某个固定行当，它的内核就是做各类内容，形式则可以千变万化、多种多样。做图书编辑的，那是在做内容；做游戏策划的，也是在做内容；就连现在火得不行的直播带货，也得靠做内容来吸引人。

随着互联网这股东风越吹越猛，内容输出这一行当，简直就是前途无量。不管是写作、视频制作，还是其他什么创意输出，大家对优质内容的需求，可以说是越来越高。特别是现在社交媒体和自媒体平台这么火，内容创

作者们有了更广阔的天地去展示自己，赚钱的机会也多了不少。

现在这社会变化如此快，选职业得选个有前景、能长期发展的。内容输出这行当，就是这样一个好的选择。它不像有些行业，火一阵儿就没了，而是越做越有味道，越做越有深度。公众号火爆时，你可以做公众号内容；短视频火爆时，你可以做短视频内容。就算市场环境再怎么变，只要你能保持内容的质量和创新性，不断积累优质内容，慢慢建立起自己的品牌和影响力，那它便可以为你提供可靠的职业保障。

前面说的是从行业的角度去挑主业，主要原则就是要选那种能扛住市场风浪、穿越经济周期的。但说实话，选主业这事儿，更多时候还是得从自己出发，不能光盯着行业。就像体制内的工作，大家都知道好，可你考不上，那它对你来说，就不是个好选择。所以，选主业，还是得从自身实际出发，才算靠谱。

这时候，保持自己的不可替代性就显得特别重要了，这可是保住你主业饭碗的金钥匙。什么是不可替代性？就是你在工作中具备独特的能力、知识和经验，其他人都无法轻易取代你。比如你在某个领域很专业，复杂问题到你手上就能轻松解决；或者你跨界能力很强，多个领域都能玩得转，一个人能够负责多项工作；再或者你经验丰富，什么复杂情况都能应对自如，对公司业务更是了如指掌；还有就是你的人脉广，资源多，不管是客户、合作伙伴还是内部沟通，你都能轻松搞定；或者你干活效率高，还有领导力，能让团队中的所有人都拧成一股绳……

当你具备了这些不可替代性，你的主业就靠谱了，不仅收入有保障，职业发展机会也会多得多。所以，选主业的时候，别忘了先问问自己：我能在哪方面发展出不可替代性？我能在哪方面创造别人不能创造的价值？这样，你的主业选择才会更靠谱，更有前途。

第三节　每种选择，都有成本

跳槽，就像是一座看不清前路的桥，很多人在遇到职业瓶颈或是渴望更上一层楼的时候，都会琢磨着要不要尝试迈上这座桥。但人生的每一步选择都是有代价的，跳槽是不是明智之举，可不是单纯看收入那么简单。这里面，既得掂量掂量已经投进去、收不回来的沉没成本，还得好好考量一下这之中的机会成本。

关于沉没成本的内容，前面已经详细介绍过，这里主要说说跳槽的机会成本。机会成本，就是你为了走这条路，不得不放弃的那些其他可能的收益。换句话说，就是你为了跳槽，可能会错过哪些本来也许能赚到钱的机会。

举例来说，你现在这家公司，虽然目前看起来晋升的机会不是很大，但说不定哪天就突然有个大项目，或者老板看你顺眼，就提拔你了。但你要是急着跳槽，这个机会可就被你亲手放走了。再比如，公司眼看就要实施新的奖金计划，或者有新的长期激励方案，这些可都是实打实的收益，你如果在这时候跳槽，那这些也都跟你没关系了。这些便都是你在跳槽时需要认真考虑的机会成本。

年轻人迈克在一家贸易公司混了一年，心里非常憋屈。他整天跟朋友们抱怨自己不受重视，老板根本不把自己当回事，再这样下去，自己就要跳槽走人了。

朋友们一听，倒也没急着劝，只是淡淡地问："你在那家公司，业务都摸透了吗？国际贸易的门道，你都搞懂了吗？"

迈克一听，支吾着说："还没呢。"

朋友笑着说："我懂你的感受，但你与其一气之下走人，何不先沉住气，把他们的贸易技巧、商业文书，还有公司怎么运作的，合同怎么做的，都学个遍。等你这些都搞定了，再走也不迟。"

迈克一听，觉得有理，从那会儿起，他就跟变了个人似的，工作起来非常认真。转眼间又过了一年，朋友再遇见迈克问他现在是否还在贸易公司上班。

迈克乐呵呵地说："这半年来，老板对我那是刮目相看，最近还提拔我，涨了薪水，我怎么能走呢？"

朋友一听，笑着说："看来，你没跳槽还真是做对了！"

年轻人迈克觉得自己不受重视，在这家贸易公司没有什么前途，所以打算跳槽走人。实际上，原先老板不重视迈克，是因为他工作态度不行，工作不努力，也不肯认真学习。现在迈克认真工作了，能力也上去了，老板自然就看见他的价值了。如果他没有听从朋友的劝告，那后续的升职加薪也就与他无关了，跳槽将会让他失去这些机会成本。

所以说，在跳槽这件事上，还真是要把眼光放长远一些。有时候，跳槽虽然能马上让你钱包鼓起来，但长远来看，可不一定是最明智的选择。新工作短期内看着是挺好，薪水高、职位诱人，但长期下来呢？说不定还不如你现在的工作。因此，在跳槽前你得好好想想，跳槽后能不能保持或者超过现在的职业发展速度，新公司能不能给你提供长期发展的保障。

每一种选择背后，都得付出代价。想着跳槽能一蹴而就，一点损失不沾，那是不切实际的想法。要想跳槽跳得值，损失减到最少，让这步棋走得稳稳当当，你得做好三件事：给自己的职业价值定个位；好好琢磨琢磨现在这份工作的价值；对未来那份理想工作也得有个清晰的认知。这三步思考清楚了，跳槽也就成功了一大半。

一、个人职业价值定位

在跳槽之前，你要先明确自己的职业价值。你要清楚自己的核心竞争力是什么，在这行业中处于怎样的地位？这不仅是说你的专业技能有多高、积攒了多少经验、职业素养怎么样，还得思考一下你能给公司带去哪些别人无法带来的价值。

心里有了这把尺子，你就能更准确地量一量，在现在的岗位上，你是不是得到了应有的回报。要是你已经使出浑身解数，还是觉得职业发展像卡壳了一样，那跳槽说不定就是换个跑道继续奔跑的好机会。但反过来，要是你高估了自己，跳槽后便会发现新的岗位其实没你想的那么合适。

所以，跳槽之前，得给自己来个实事求是的"职业体检"，掂量清楚自己的价值。这样才能确保你迈出的每一步，都是朝着更广阔的天地前进。

二、对当前岗位的价值判断

想要跳槽，还得思考下你当前这岗位对你个人成长的"含金量"。问问自己，在现在这岗位上，你是不是能像竹子一样节节攀升，不断学习新东西？企业给你提供的平台、给你分配的资源，够不够你大展拳脚的？这些问题的答案，将会是决定你跳槽与否的关键。

岗位的价值，不光是要工资条上的数字，还要看工作环境舒不舒服、学习机会多不多、晋升的路子顺不顺、团队文化是不是符合你的价值观……要是这些方面对你都没什么吸引力了，或者一眼望过去，觉得成长空间几乎没有，那你就确实要好好考虑一下跳槽这件事了。

但反过来，要是你觉得这岗位还挺有价值的，能学到不少技能，能提升自己，也还有晋升空间，只是有一些小问题让自己觉得不舒服，那克服一下，留下来继续深挖，说不定比跳槽对你来说更有好处。

很多人，评估岗位价值的时候，容易犯个毛病，就是光顾着眼前的一亩三分地，忘了抬头看看远方的风景。有时候，你现在可能觉得当前岗位没什么大收获，但时间一长，那些潜在的价值就跟陈年老酒的香味儿一样，逐渐显现出来。这时候如果跳槽了，你丢掉的，就不只是那份稳定的薪水，还有那些年积累下来的资源、人脉，还有那个本来能助你一飞冲天的机会。

三、对未来理想岗位的清晰认知

最后一个要好好思考的问题，就是那个你心心念念的新岗位，到底是不是真的适合你。很多人跳槽，就像是被新公司的高薪或是那诱人的职位头衔给迷了眼，却忘了问问自己，这个新岗位跟我的职业规划、个人价值观搭不搭？

在跳槽之前，你要好好想想，新岗位能不能让你继续大展拳脚，发挥你的核心竞争力？它是不是指向你职业规划的下一站？新的工作环境，跟你的工作方式和个性是不是合拍？新岗位的企业文化、团队氛围、工作压力这些方面，都得提前摸摸底。要是这些方面跟你想的差得不是一星半点，那新岗位就算表面上看起来再怎么光鲜，你干起来也可能会觉得格格不入，最终你的工作表现也可能会受影响。理想中的岗位，不光是要满足你的物质需求，还得让你的心灵得到滋养，有职业成长的空间。要是新岗位给不了你这些，那跳槽这事儿，从长远来看，就不是那么明智的选择。

跳槽是职业生涯里的一大抉择，每一步都连着不同的代价。在决定要不要跳槽之前，你要好好动动脑子，全方位地掂量一番。这样，你才能做出更精明的选择，确保你走的每一步都是给职业生涯添砖加瓦，而不是把自己推进新的"火坑"。

第四节　长板理论，做自己最擅长的事

很长一段时间里，木桶理论在全球范围内大行其道。它的核心观点是，一个人的成就大小，不是由他的长处决定，而是受限于他最差的能力。在团队合作和组织管理上，这个理论确实有其独到之处，但如果我们把它套用到个人职业发展上，就会发现一个至关重要的问题：在职场这片硝烟弥漫的战场上，如果我们只是一味地忙着修补自己的短板，很可能会让自己的注意力和资源变得分散，最终哪个领域也没能做到顶尖。个人如此，企业也是如此。

20世纪50年代，松下电器和大孤制造厂合资成立了大孤电器精品公司，主要生产电风扇。那时候，他们的产品线很单一，只有电风扇加上几款民用排风扇。新上任的总经理西田千秋想要开拓新领域，于是跑去向松下幸之助请示，结果松下一句话，让他愣在原地："只做'风'的生意就可以了！"

松下幸之助的这句话，听起来像是给公司的发展套上了紧箍咒，但实际上，他是要死磕自己最擅长的领域——"风"，是要在已有的优势上，挖得更深，钻得更透。西田千秋一听，恍然大悟，其实只要跟"风"沾边，产品的花样可以多得是。他不再盯着电风扇这一款产品，而是开始发散思维，跟"风"有关的暖风机、鼓风机，还有果园、茶园用的防霜换气扇，甚至家禽

养殖业的调温系统，都顺利被研发出来。

就这么几年工夫，大孤电器不再是单一的电风扇制造商了，而是摇身一变成"风"的专家，产品线非常丰富，各种跟风有关的设备应有尽有。这一切成就的取得都源于他们对"风"的专注，以及对自身优势的充分利用。

看看现在的求职市场，竞争简直是愈演愈烈，求职者们个个摩拳擦掌，企业更是挑剔得不得了。在众多求职者中，那些在某个领域里深耕细作、能独当一面的高手，最受企业的欢迎。这时候，长板理论，或者说"新木桶理论"，就闪亮登场了。

长板理论强调，要将目光聚集在自己的优势领域，然后把自己的优势发挥到极致。每个人都有自己独一无二的技能和天赋，这些就是前面提到的"无可替代性"，是每个人的核心竞争力所在。你要是能不断把这优势领域给拓宽、加固，你就能在这个领域里打造出属于自己的独特价值，成为那个领域的"领头羊"。

选择主业的时候，长板理论可大有用途。主业不光是你养家糊口的饭碗，更是你职业发展的主干道。挑一个你最擅长的领域当主业，这就意味着你能心无旁骛地在这里深耕细作，专业水平也会不断提高。更进一步，你不仅能在职业生涯里收获满满的成就感，还有可能打造出属于自己的职业品牌。

举例来说，要是你在数据分析这方面有天赋，工作起来得心应手，那你就没必要为了追求全面发展，非得去学那些跟你专业不沾边的技能，比如设计、销售之类的。你得把心思都用在数据分析上，不断学习、积累经验，走在行业的最前沿，一步步成为这个领域的佼佼者。当你的长板足够长，长到别人望尘莫及的时候，你在行业里的地位也就稳如泰山了。

在选择主业的时候，长板理论还给我们带来了一个重要的启示：不要被那些表面上要求全能型的职位所迷惑。很多职位看似需要全方位的能力，但实际上，它们真正渴求的是你在某一个或几个特定领域深厚的专业知识和丰富经验。如果你能在某个领域做到顶尖水平，那么即使在其他方面有所不足，你依然能够获得成功。

就像那些顶级销售人员一样，他们可能并不具备出色的管理能力，但他们的销售技巧和独特的销售魅力足以让他们在职业生涯中脱颖而出，赚取高额的收入。这也正是长板理论的魅力所在：找到你的"长板"，并全力以赴地打磨它，成功自然会向你招手。

把长板理论用到职业发展上，还有一个大好处，那就是能增强你的不可替代性。不管你是在现有岗位上谋求升职加薪，还是想在外部市场寻找新机会，只要你具备了不可替代性，那就等于手里多了一张谈判的筹码。在职场上，那些能做到"无人可以替代"的人，都是因为在某个领域里有着深厚的专业知识和技能。他们不断提升自己的长板，形成了别人难以逾越的优势，从而在职场上站稳了脚跟。

长板理论的另一个精髓，就是"专注"二字。你得专注地将心思集中在自己最拿手的领域，这样一来，你的时间和精力就能精准地投射在提升你的核心竞争力上。时间一长，你的专业技能和知识就会越积越深，到时候，你职业发展的道路自然也就越走越宽，越走越高。

但这种专注不是让你守着一块地不动弹，而是要求你在深耕长板的同时，多关注行业的风吹草动，确保你的长板始终是行业里的香饽饽。除此之外，你还应该适当地了解一些其他相关领域，这样你能更全面地看清行业的大局，到了关键时刻，你就能做出更明智的职业选择。

在选择主业时，要干自己最拿手的事儿，别一门心思去追求那所谓的"全面发展"，这样往往更能让你在职场上笑到最后。长板理论，说白了就是让你盯着自己的长处，使劲儿往深里挖，往高里堆，把那块"长板"打磨得闪闪发光。这样一来，你不但能成为别人替代不了的存在，还能在职场这片红海里面，始终占据着个领先位置。

真正的职业成功，不是看你手上有多少把刷子，而是看你能不能将一把刷子磨得比谁都亮，用得比谁都溜。专注、极致，才是职场路上的真本事。

第五节　学习，回报率最高的主业

时代在变，技术在变，行业形势也在变，如果你还是和初入职场时一样一成不变，那很快就会被淘汰。想在职场上稳住脚跟，持续学习就是你不得不做的事。很多时候，职场之中的学习，不仅是一种自我提升的手段，更是一项能够带来长期收益的主业。

少年时期，罗森沃德随家人移居北美，定居在伊利诺伊州斯普林菲尔德市。中学毕业后，他踏入纽约一家服装店，开始了职业生涯。虽只是杂工，但他对未来充满憧憬，坚信努力与学习能为自己带来成功。

他立下宏愿："我要成为这家服装店的老板。"为此，他不仅勤奋工作，还时刻学习服装行业知识。业余时间，他还自学商业书刊，研究如何更好地经营服装业务。几年后，罗森沃德觉得时机成熟，决定开设自己的服装店。然而，现实残酷，商店的生意惨淡。一年多后，他不仅未赚到钱，还赔光了积蓄，只能黯然离开纽约。

初次创业失败，罗森沃德并未气馁。他深刻反思，意识到自己的服装店缺乏特色与创新，无法满足客户需求，且缺乏销售渠道和品牌信誉。找到问题所在，罗森沃德决定再次出发。他更加坚定地投身于服装行业的学习与研究，深入市场考察，研究时装趋势。

一年后，他重振旗鼓，在芝加哥开设了一家服装加工店。这次，他推出的服装款式新颖多样，迅速赢得客户喜爱。两年后，他的店铺规模扩大了数十倍，最终发展成为一家大规模的服装公司。

从打工到创业，罗森沃德始终都没有放弃学习。正是这持续不断的学习，让他从一个服装店的杂工，摇身一变，成为服装公司的老板。当前职场中的大多数人，或许并没有创业当老板的想法，但这并不能成为放弃学习的借口，因为想要在职场中生存下去，学习就是一项必备的技能。

对于职场中人来说，学习的最大魔力，就在于它能让你跟得上时代的步伐。无论你身处什么行业，新的技术、新的趋势总是在不断涌现。要是你停下了学习的脚步，眨眼间就会被时代的浪潮拍在沙滩上。而那些舍得在学习上花时间、下功夫的人，他们就像装备了"加速器"，新技能掌握得飞快，行业里的先机也是手到擒来，即使在新岗位、新领域里也能混得风生水起。

此外，学习还能帮你开阔眼界，让你的思维也跟着"升级换代"。你学的东西越多，掌握的技能越广，看问题的角度也就越多，解决问题的法子自然也就越丰富。这种宽广的视野和深厚的学识，就是你在职场上大放异彩的杀手锏，可以让你在众多同事中脱颖而出，成为那颗最耀眼的星。

相比于校园中的学习，职场之中的学习更强调自主性，即在没有规定课程的情况下，每个人都拥有自主选择的自由。因此，自主学习效果的好坏，也就决定了你在职场中的学习，是否有意义，是否能够真正提升自己。

职场之中的自主学习，可以分为三个层次，即阅读理解、信息检索、知识应用。这之中的每一个层次都至关重要、环环相扣，共同构成了一个完整的学习体系。

一、阅读理解

阅读理解是学习的起点，也是职场中解决问题的基础能力。在职场上，你每天都会接触到各种各样的文档、报告和数据，而你的阅读理解能力，直接决定了你能否从这些信息中迅速而准确地获取到有价值的信息。它不仅影响你学习新知识的效率，还直接关系到你在工作中的表现。

职场中的痛点之一就是信息过载。每天都有大量的信息需要处理，从行业报告到公司内部文件，再到市场分析。如果你没有良好的阅读理解能力，就容易陷入信息的海洋中，找不到重点。而一旦提升了这项能力，你就能迅速捕捉到那些能引领你前行的关键信息，做出既精准又高效的决策。例如，当你需要为公司制定战略方案时，能够迅速理解行业趋势和竞争对手动态，会让你的方案更具说服力和前瞻性。

此外，阅读理解还强调对细节的把握。在职场上，往往是一个不起眼的小细节，就能左右一个项目的成败。比如，对合同条款的理解、对客户需求的精确把握，这些都要求你具备强大的阅读理解能力。唯有练就了这身本事，才能确保你在关键时刻不掉链子，不因一时的疏忽而酿成大错。

二、信息检索

信息检索能力是自主学习的进阶技能，也是在现代职场中必不可少的一种能力。在职场上摸爬滚打，常常会遇到新问题、新挑战，能否迅速找到相关信息和解决方案，直接影响到你的工作效率和成果。

很多职场新人在项目中遇到技术难题，或者面对新的市场环境时，都不知道如何下手。这时，如果他们具备强大的信息检索能力，这种无助感就能大大减轻。他们可以通过互联网、行业数据库、专业论坛等渠道迅速找到相关的资料和工具，为解决问题提供支持。

信息检索不仅仅是为了找到答案，更是为了找到那个最优解。在信息泛滥的时代，筛选出最有价值、最相关的信息，避免误导和信息噪音，是提升工作效率的重要手段。比如，当你需要选择一款新的项目管理工具时，如果你能迅速找到各类工具的评测报告，并结合自己的实际需求做出最佳选择，那么你的团队就能更快地进入高效运作的状态，事半功倍。

三、知识应用

知识应用是自主学习的核心，也是职场学习成果的真正体现。学习的目的是将知识转化为具体成果，因此知识应用可以分为两个部分：知识输出和实践操作。

知识输出是学习成果的巩固和内化。你所学到的内容，只有通过输出才能真正掌握。无论是撰写报告、方案，还是在团队中分享知识，知识输出都能帮助你更深入地理解所学内容，同时也让你在团队中获得更多的认可。

实践操作是将学习转化为实际成果的过程。在工作中，你学到的任何知识，只有在实际应用中才能真正创造价值。比如，掌握了一种新的数据分析方法，如果能够在项目中实际使用，并通过数据分析为决策提供有力支持，就说明你真正掌握了这项技能。每一次的知识应用，都是一个检验和改进的过程，通过不断应用，你的技能会越来越娴熟，工作效率也会逐步提升。

学习是回报率最高的主业，而自主学习能力则是干好这一主业的核心工具。通过提升阅读理解、信息检索和知识应用这三个层次的能力，你能够在职场中不断提升自己的价值。学习不仅是获取知识，更是解决问题、创造价值的过程。将学习作为职业生涯中的一项长期投资，你将发现，这份主业带来的回报，远超你的预期。

第五章

副业谋发展，拓宽你的天地

第一节 你真的要做副业吗

近年来，副业已经悄然成为许多人生活的一部分。通过副业，有的人获得了实打实的额外收入，有的人则获得了精神层面上的提升，以及职业成长方面的发展。谈及选择做副业的理由，大多数人从事副业是为了多挣点儿零花钱，也有一部分人是为了探索一种全新的生活方式和工作模式。相比于主业的"不自由"，副业的自由度和低门槛也成为大多数人选择它的一个重要因素。

选择副业的理由一：增加收入，缓解经济压力

随着生活成本的不断上升，单纯靠主业那点收入，很多人都感到力不从心。房贷、车贷，还有给孩子攒的教育基金，哪一样不是大头开销？主业的工资，很多时候都是杯水车薪，难以招架这些日益增长的开支。

这时候，干一份副业，也就多了一条增加收入的路子。多一份收入，就多一份安心，也会多一份对生活的掌控力。这样一来，面对生活的各项支出，就能更加游刃有余一些，不用每次都掐着指头算计。

不过，这只是一条理论上成立的理由。副业确实能够增加收入，但能增加多少收入，却会因人而异。有的人把写小说当作副业，月入过万元；有的人利用闲暇时间剪辑视频，一天就能挣到几千元；当然，也有的人做副业，不仅没有赚到钱，还被骗走了几万元。所以，抱着增加收入的想法开展副业的人，一定要先擦亮眼睛、降低预期，不要想着副业收入轻而易举就能超过主业收入。一般情况下，利用闲暇时间从事副业，获得的收入能够达到主业收入的30%，就已经是一个不错的成绩了。

选择副业的理由二：未雨绸缪，提升职业安全感

职场中的环境，说变就变，尤其是过了35岁之后，很多人会开始觉得职业发展像是遇到了天花板，怎么也晋升不上去。再赶上经济形势变化，行业萎缩，公司裁员，说不定哪天就会轮到自己。失业的风险，简直是如影随形，让人心里不踏实。

这时候如果有个副业，那就像是给自己准备了一个额外的安全网，一旦主业那边出现什么状况，副业还能提供稳定的收入，帮助打工者稳住阵脚，渡过难关。要是副业发展得顺风顺水，说不定还能摇身一变，成为新的主业，让打工者在职业生涯的道路上多几个选项，多几分保障。这样一来，打工者就不再是那个只能看老板脸色行事的小职员了，而是成为自己职业生涯的主宰者。

这倒是一条说得过去的理由，不过，想要将副业转变为主业，同样需要跨过收入这道坎。你的副业收入能否赶上或是超过主业收入？你的副业收入能否和主业收入一样稳定？你的副业收入是否有成长性，值得你将所有时间和精力投入其中？这些问题既是你衡量主副业价值的一个参考，也是考量不同副业价值的一个重要依据。

选择副业的理由三：拓展职业技能，追求个人兴趣

副业不仅仅是一张额外的收入账单，更是一个提升自我、拓展技能的宝贵机会。在主业那方熟悉的天地外，副业可以为打工者开启了一扇通往新世界的大门，让他们有机会涉足未曾踏足的领域，学习和掌握新的技能。这样的尝试，无疑是对个人技能库的深度扩容，它不仅能让打工者的职业简历变得更加丰富，也能在无形中提升打工者在职场中的竞争力，为未来可能的职业转型铺路。

除此之外，副业也可以是打工者个人兴趣爱好的延伸。在这个小天地里，打工者不必再受限于生计与稳定的束缚，而是可以自由地让那些平日里只能默默燃烧的热爱之火有机会熊熊燃烧。热爱摄影？那就让镜头捕捉生活的美好，将每一帧画面变成收入的源泉。痴迷于文字？那就让笔下的故事跃然纸上，换取读者的共鸣与赞赏。擅长手工艺？那就动起手来，让每一件手工作品都成为自己匠心独运的证明。在副业的世界里，打工者可以将兴趣转化为实实在在的收益，不仅能实现自我价值，也能让生活更加绚烂多姿。

这一理由倒是抛开收入这一衡量维度，既然不谈收入，那选择副业除了热爱之外，就只能是有更为长远的打算。其实，拓展技能这件事也是因人而异的，前面在介绍主业选择时也说过，践行长板理论更容易在主业上取得成功。而在副业上也是如此，因此，无论是拓展职业技能，还是发展兴趣爱好，最好要让其与主业存在一定的关联，这样在操作起来不会占用太多的时间和精力，也不会出现本末倒置的情况。当然，如果作为软件工程师的你，能将经营宠物店这一副业，做得比主业还要好，那你可以试试跨界拓展一下职业技能，更进一步还可以考虑考虑将副业做成主业。

选择副业的理由四：拓展人脉，迎来新机遇

选择做副业的另一个理由，是它能帮助打工者打开全新的社交圈子，拓展人脉资源。在发展副业的过程中，打工者会结识许多来自不同领域的人，他们不仅能为打工者的副业提供支持，还可能为打工者的主业带来新的机会。

通过副业建立的人脉网络，其价值不仅仅局限于当前的利益交换，更是一个长期投资的过程。这些人脉资源就像是一座座潜在的桥梁，连接着打工者现在和未来的职业机会。当打工者需要寻找新的职业发展方向，或者寻求合作伙伴时，这些通过副业结识的人脉往往会给予打工者最宝贵的支持。

相比于前面几点理由，这一条理由最靠谱，也最实际。如果说靠副业增加收入是一种短期收益，那靠副业积攒人脉资源，就是一种长期收益。这种长期收益没有固定的变现周期，但一旦变现，其价值便要比单纯的副业收入多得多，它可能是一份新的职业机会，也可能是一份创业合伙人计划，人脉之中蕴含着无限可能。

在当下这个多元化的社会中，副业已经不再是简单的选择题，而是成为提升自我价值、丰富人生体验的重要途径。通过副业，你能真正拓宽自己的生活圈子，接触到形形色色的人和事，体验到不同领域的风情。如果你真的想好了，想要开启副业人生，那就先想一想要从哪里开始，再迈出第一步吧！

第二节　两个维度选定你的副业

选择一份合适的副业，不能光盯着做一个项目能赚到多少钱，关键是要确保它能给你带来长久的价值和实实在在的发展机会。因此，在选择副业时，可以从个人倾向和收入潜力这两个维度去思考，它们就像是你的导航仪，能帮你指示出更精准的方向，让你的副业之路走得更稳当，更有奔头。

一、个人倾向

选择副业，首先要看你个人的倾向，也就是你的兴趣爱好和你已经掌握的资源与技能。副业不像主业那样固定，它更多时候需要你挤着空闲时间，一点一滴去琢磨、去经营。所以，找个你真心喜欢的副业，是非常重要的。只有你眼前的副业有兴趣，才能让你心甘情愿地投入时间，碰到难题了也能更有耐心去应对。

比如，你若是个摄影发烧友，那周末、节假日接点拍摄的工作，既能享受拍照的乐趣，又能赚点外快，何乐而不为？再比如，你文字功夫了得，那就在写作平台上挥洒才华，或者在自媒体上分享你的独到见解，说不定还能收获一波粉丝呢。这种兴趣驱动的副业，不光能让你的钱包鼓鼓，更重要的是，能为你提供一个展示自我、实现价值的舞台，给你的生活增添多了几分幸福感。

当然，除了兴趣，你还得掂量一下自己手里有什么资源、何种技能。这些都是你闯荡副业江湖的"资本"。比如，你在主业里练就了一身技术绝活，或者对某个领域了如指掌，那做一些技术咨询、课程讲解的副业，岂不是水到渠成？如果你干主业时结交了一帮志同道合的朋友，他们还对某些服务或产品特感兴趣，那你利用这些人脉资源来搞副业，岂不是直接站到了终点线上？

不过，说到这里，有个关键问题可不能忽略：要是手头上缺那么点儿技能和资源，还能不能搞副业呢？前面也提到了，选择副业，相对自由，门槛也不高。但要是你手里没啥"硬货"，就想着靠副业轻轻松松赚大钱，那可真有点儿不太现实。

比如，你写作水平一般，但偏偏就想把写作当副业来搞。这意味着什么？意味着你一方面得花大把时间和精力去提升自己的写作水平，另一方面还得琢磨怎么满足甲方那些专业又挑剔的要求。这中间付出的时间、精力，还有随时而来的挫败感，你得好好掂量掂量，看看这事儿到底值不值得你去做。毕竟，副业是为了让生活更美好，可不是给自己添堵的。

二、收入潜力

收入潜力这一维度，要求你在选择副业时，不能随便找个副业，短期内捞点儿快钱就完事儿了，而是要把目光放长远点儿，想想这个副业在未来较长时间内，能不能给你带来稳定的，甚至是持续增长的收入。换句话说，就是要评估一下这个副业的"长期价值"。

评估副业的长期价值时，要看看这个行业的长期发展前景和稳定性。比如，有些副业，刚开始干的时候，收入可能就那么一丁点儿，但说不定过一段时间，市场需求一上来，它就能给你带来意想不到的回报。反过来说，有些副业，刚开始干的时候，收入还挺可观的，但这可能就是个"糖衣炮弹"，万一市场需求逐渐饱和了，或者新技术一来，把你这副业给取代了，那你的收入说不定就跟滑滑梯一样，一路下滑到底了。

在电气专科学校毕业后，新田富夫进入了一家打火机制造厂。20世纪70年代初，日本还没一次性打火机。一天，新田在杂志上看到法国推出了一款一次性打火机，立马来了兴趣。他跑遍图书馆和资料室，终于找到技术资料，还设法买了样机回家研究。他一眼就看出了这种打火机的潜力，经过计算，他发现当时1000支火柴要400日元，而一只一次性打火机能用1000次，生产成本却只要不到100日元。这中间的利润空间，大得吓人！

虽然只是个小商品，但他觉得这款产品日后的收入潜力非常大。于是，他向公司建议仿制生产，经过一番研发，他们造出了质量上乘的一次性打火机。虽然售价不高，但由于销量很大，公司不仅赚到了不少钱，还因此成为全球第二大一次性打火机供应商，占据了日本的90%市场份额。

这个故事完美地解释了"收入潜力"的价值。新田富夫选择了一种看似不起眼的产品，他通过深入分析，发现了这款产品在未来能够为公司带来的巨大利润。正是这种对长期价值的精准预判，帮助他和他的公司取得了巨大的成功。

市场需求是动态的，随着时间的推移，某些行业可能会迅速增长，而另一些行业则可能逐渐萎缩。因此，你需要密切关注市场动向，选择那些在未来几年内具有增长潜力的副业。例如，短视频制作和直播带货在过去几年中发展迅速，如果当时你具备相关的技能，进入这些领域便可能会获得一笔不错的收入，经过几年的积累，你甚至可以拥有自己的人脉网络。但从现在来看，短视频制作和直播带货已经是一片红海，现在入局是否依然能获得之前一样的收入，就不好说了。

副业这扇门，对每个人都是敞开的，但跨进去后能不能摘到果子，那就因人而异了。说起来，不少副业失败的例子背后都藏着一个共同的症结，比如"赚钱少"。不过，这里的"赚钱少"，可不是单纯指副业每小时或每单的报酬低，而是说副业项目的整体性价比不高。

在思考副业的收入潜力时，不能光盯着那数字上的单价，而是要综合来看。就像你去市场买水果，不能只看单个水果的价格，还得想想这水果甜不甜、新不新鲜，值不值得你掏腰包。副业也是一样，要是某个项目单价挺诱人，但你得搭进去大把的时间和精力，还得等好久才能收到钱，那你就得掂量掂量，这买卖到底划不划算。

所以说，选副业要综合考量各个维度的问题，"外表光鲜"的不一定就适合你，关键是要看内在的匹配度和长远的发展潜力。别被一时的高价给迷惑了，得用点心，算算这笔账到底值不值得。

第三节　干副业要会"混圈子"

无论你从事哪种副业，想要靠它赚到大钱，都离不开与圈内人的互动与交流。老话说，"圈子决定视野，视野决定未来。"混好了圈子，不光能给你的副业带来意想不到的机会，还能让你在这个行当里建立起自己的人脉网，个人价值也会跟着水涨船高。

如果能在圈子中混好，其实会造就一种双赢的局面，你帮别人，别人也帮你，一来二去，大家都能在圈子里找到自己的位置，共同成长，一起进步。所以，千万别小看了这"混圈子"的学问，这里面可藏着不少成事儿的秘诀呢！

摩根在华尔街崭露头角的那几年，一直在努力扩展自己的人脉。他深知在金融圈子里，结识有影响力的人物是获得资源和信息的关键。经过几年的精心经营，摩根成功地结交了不少在华尔街举足轻重的人物。这些关系不仅让他获得了许多有价值的行业经验，而且也让他掌握了不少内幕消息。

1862年，正值美国南北战争的关键时刻，局势动荡不安。林肯总统一声令下，全国军队进入全面动员状态，准备对南方发起猛攻。就在这紧要关头，摩根通过圈内人介绍，认识了一位新朋友——克查姆。克查姆可不是一般人，他父亲是华尔街上的知名投资经纪人，手里头握着不少独家的内幕消息。

一天，克查姆神秘兮兮地跟摩根透露了一个小道消息："我父亲从华盛顿得知，北方军队伤亡惨重。这时候如果有人大量买入黄金，再悄悄运到伦敦去，那可就赚大了！"

摩根一听，内心激动不已，他知道这是个千载难逢的好机会，便赶紧跟克查姆商量，决定一起操作这笔交易。他们计划通过金融大亨皮鲍狄先生的公司，悄悄买上四五百万美元的黄金。一半运到伦敦，交给皮鲍狄保管，另一半他们自己留着。要是皮鲍狄的大额汇款暴露了，北方军队又战败了，那黄金价格肯定往上涨。到时候他们再把手里的黄金高价卖出去，肯定能大赚一笔。

就这样，他们按照计划行事，没过多久，秘密买黄金的事儿就因为汇款金额太大而暴露，金融市场上一下子就"炸了锅"。很快，华尔街上就传出了"大亨皮鲍狄正在大量买黄金""黄金马上要大涨了"的传言，市场上的人都跟疯了一样抢着买黄金，致使黄金价格迅速攀升。摩根则瞅准时机，果断出手，在这场金融大战中狠狠地赚了一笔。

摩根的故事生动地说明了混圈子的价值所在。通过结交对自己事业有帮助的人，摩根不仅获得了关键的信息，还成功抓住了市场机会，实现了财富的增长。圈子里的人脉和信息，是他最终成功的关键，这也正是我们在做副业时需要掌握的生存之道。

所谓圈子，简单来说就是拥有共同兴趣、目标和价值观的人们所组成的社交群体。在副业这片江湖里，圈子能够为你提供宝贵的行业信息、市场动向以及潜在的合作机会。一旦进入了对口的圈子，你就能对市场需求、行业趋势一目了然，副业方向调整起来也会更加得心应手。

而且，圈子里的成员往往具备丰富的经验和资源，通过与他们的互动，你可以学习到更多的技巧，避免走弯路。同时，圈子也能为你带来信任背书。一旦你在圈子中做成了事，那圈子内的推荐和口碑传播，便可以让你在短时间内获得更多客户和合作伙伴的信任，从而推动你的副业快速发展。

说到底，圈子就是你副业赚钱的加速器。"混圈子"可不是为了凑热闹，而是为了让你的副业能够持续红红火火地发展下去。一个好的圈子，不光能给你短期的帮助，更能为你的副业带来长久的收益。

你要靠影视剪辑副业赚钱，那就挤进聚集着影视剪辑资源的圈子；你要靠写作副业赚钱，那就要挤进写作投稿资源的圈子。这是第一步，更重要的是，你要一直往上挤，这跟前面说的向上社交有点相似，你要不断往核心资源圈子挤，这样你才能避免掉"中间商赚差价"的尴尬。

做副业，免不了会被"中间商赚差价"，尤其是刚刚起步时，没有中间商为你牵线搭桥，想要接到靠谱的副业项目，可以说是难上加难。因此，在做副业初期，吃点中间商的亏也没什么，但如果你做了许多副业项目，一直都有中间商赚差价，那不仅副业收入会受到影响，干副业的心气也会损失不少。因此，干副业混圈子的另一个目的，就是减少中间商的影响。

中间商的存在，往往是因为买家和卖家之间缺乏直接的沟通渠道。如果你能通过圈子建立起自己的客户网络，直接面对终端客户，那就能大大减少中间商的干预。举个例子，如果你从事手工艺品副业，通过社交媒体直接与消费者互动，推广你的产品，这样你就能跳过那些赚取中间利润的中间商，从而获取更大的利润空间。

除此之外，广泛的人脉圈子也是你摆脱中间商牵制的一大法宝。人脉不光能给你带来络绎不绝的客户，还能让你耳朵灵通，时刻获取有用的信息。如果你能构建起一张四通八达的人脉关系网，市场的风吹草动就都能第一时间捕捉到，各个环节的真实成本和价格，也会心知肚明，这样一来，中间商还想靠信息垄断赚差价就没这么容易了。

不过，做副业想彻底绕开中间商并不现实。但减少他们对你的影响，还是有不少方法的。比如，提升你的议价能力，这是防止你被中间商压榨的重要手段。议价能力强不强，归根到底就看你在这合作里头是不是无可替代的，换句话说，这副业项目，别人干不了，你能干；别人能干，你干得比别人漂亮。这就是提升议价能力最核心的一点。再一个，就是对副业市场你要有深入的理解，价格浮动、供需关系，你都要有所了解。这样一来，在谈判桌上，你便可以自己来定条件，而不是被中间商牵着鼻子走。

要提升议价能力，你要时刻盯着市场动态，多混混圈子，多与人交流，学学怎么在不同的市场环境下跟人谈判。经验都是一点点攒起来的，副业路上，你要有自己的一套打法，让中间商想插手捞好处，都要掂量掂量。

副业要想做得风生水起，光靠产品或服务本身那是远远不够的，关键还得看你能不能巧妙地绕过那些不必要的中间环节，直接跟资源和客户对上话。说白了，就是要深入圈子，掌握第一手信息，跟客户建立起直接的联系，把人脉资源这块儿给做大做强，议价能力也得提升上来。这样一来，副业里的成本你就能更好地把控，利润自然也就水涨船高了。这种主动出击的打法，能让你在副业道路上更加游刃有余，收益最大化。

第四节　只要赚钱，副业就能转成主业吗

在这个自媒体蓬勃发展的时代，不少人已经通过副业实现了财富增长，更有甚者，成功将副业转型为全职事业，悄然实现了财务自由。特别是短视频平台上的创作者们，他们起初只是从兴趣爱好出发，却不料最终将内容创作发展成主业，实现了收入的大幅增长。

然而，若你也想将副业提升为主业，实现这样的转变，那可要先好好思考一番。思考什么呢？一方面是你的副业是否具备持续盈利的能力，另一方面是你对待副业的态度是否足够认真。

一、持续稳定的收入来源

要让副业成为主业，首先要确保它有稳定的收入来源。你要好好想想，这副业能不能长期给你带来收入，而且这份收入够不够你的日常开销，这样你才能放心大胆地把它扶正，成为你的经济支柱。

很多人刚开始搞副业，其实就是想多赚点外快，或者纯粹是出于兴趣爱好。但谁承想，时间一长，他们发现副业不光能挣钱，还让自己在某个领域大展拳脚，潜力无限。这时候，副业就不再是简单的补充，而是有了取而代之，成为主角的可能。

比如，很多人下班后搞搞短视频剪辑、做做摄影、写写小说，一开始只是试试看，没想到市场需求越来越大，自己也越来越在行，副业就这么悄悄地壮大起来了，收入也跟着水涨船高。最后，副业的收入竟然超过了主业，成了他们收入的大头。

像抖音、快手这些短视频平台，这几年火得一塌糊涂，用户多，创作者也多。很多人一开始只是想记录下自己的生活，随手拍拍上传，没想到内容火了，粉丝涨了，平台上的变现机制也让他们看到了把副业变主业的大好机会。

抖音平台上有一位年轻人，起初只是兼职拍摄短视频，想着在工作之余，通过分享一些生活小窍门来充实自己的业余生活。他随手拍了几段视频上传到平台上，没想到，这些视频竟然意外地受到了广大网友的热烈欢迎。

随着视频的点击量不断攀升，他的粉丝数量也开始迅速增长。很快，一些知名品牌注意到他，纷纷向他抛出了合作的橄榄枝。于是，他开始接到越来越多的品牌合作邀约，广告收入也随之水涨船高。

渐渐地，他发现短视频创作带来的收入已经远远超过了他原来的全职工作。面对这份突如其来的"惊喜"，他作出了一个大胆的决定：辞去原本的工作，全身心投入到短视频创作中，将这份曾经的副业发展成为自己的主业。

从收入的角度看，这位年轻人把短视频创作从副业提升到主业，表面上看似挺顺理成章的。但谈收入这事儿，不能只盯着"过去"和"现在"，而是要把目光放长远，多看看"未来"。他现在通过短视频赚了不少，但这都是过去和现在的成绩，要是未来他没法赚得比现在多，或者赚得更少，那这种转变可就危险了。要想未来收入有保障，他就要好好分析一下自己的"持续输出内容"和"流量变现"能力。

不管是短视频平台还是B站，内容创作的关键都是要持续不断地出高质量的作品。只有这样，才能留住观众，积累起稳定的粉丝群。以前他把这当副业干的时候，压力不大，因为有主业托着底，副业就是个兴趣爱好。但现在要当主业干了，那就得事事上心了：这么剪辑粉丝会不会喜欢？这个标题够不够吸引人？商业内容怎么植入才合适？想得多了，烦恼自然也就多了。这其实就是把爱好变成工作后的一个常见"副作用"，谁都一样，躲也不掉。所以，他要好好想想，自己到底有没有"持续输出内容"的本事，这可是他能不能把副业变主业的关键。

在互联网时代，流量那就是金钱。短视频平台和B站给创作者们提供了不少变现的渠道，广告收入、会员打赏、品牌合作，应有尽有。创作者们只要玩转这些平台的变现机制，就能把粉丝流量变成实实在在的钞票，这也是副业能摇身一变成主业的重要条件。

不过，一旦把短视频创作从副业扶正成了主业，创作者就会面临一个严峻的挑战，那就是要时刻琢磨着怎么处理流量和金钱的关系。流量少的时候，要想方设法创新内容，把流量给吸引过来；流量多了，又要绞尽脑汁，把这些流量变成实实在在的收入。想要变现，那就得在内容之外多下功夫，有时候甚至要做一些自己不那么擅长、不那么喜欢的事情。这么一番折腾下来，创作者们会发现，原本只是出于爱好，想着轻轻松松赚点外快的副业，竟然变成了要费心费力去经营的工作。

从经济层面来说，只要能多赚钱，这种折腾也算值得。但对于创作者个人来说，就要具体情况具体分析了。这也是把副业变成主业需要考虑的第二个大问题：你到底是怎么看待这个副业的？是打算全力栽培的一粒种子，还是只是锦上添花的一种点缀？这个问题，可要好好想想。

二、自由与热爱，决心与毅力

当你厌倦了主业的工作状态，渴望摆脱繁琐的办公室生活，追求更自由、更有创意的工作方式时，副业可能会成为你理想的职业转型路径。很多人之所以选择副业，正是因为它提供了主业所无法提供的自由度和成就感。

有这么一个年轻人，每天朝九晚五地工作，感觉就像被困在了一个无形的牢笼里，难以施展自己的才华。他总是觉得，自己的生活好像少了点什么，就是那种能够让他热血沸腾、全情投入的东西。

直到有一天，他开始尝试把写作这一副业捡起来，才仿佛找到了一种自我表达的渠道和成就感的源泉。在这一副业里，他可以尽情地挥洒自己的才华，每一刻都充满了乐趣。这种工作状态不仅让他感到快乐，还给了他自由支配时间的权利，他终于可以按照自己的节奏和意愿去生活了。

当这项副业发展到一个成熟的阶段时，他毫不犹豫地选择了全职投入，想要把这份热爱和激情变成自己的主业。然而，当他真正把副业转为主业后，才发现，这种感觉竟然会发生变化。曾经那份轻松自在、随心所欲的感觉似乎悄悄地溜走了，取而代之的是更多的责任和压力。

当副业一跃成为主业，你的经济来源将完全依赖于它。那时候，原先副业带来的那种轻松愉快，说不定就会被收入的压力所取代。你要时时盯着市场需求，维护着客户关系，还得想着怎么多接项目，让收入节节攀升。这种压力，有时候真能压的人喘不过气来。

副业一转正，你投入的时间和精力也会显著增加。原先分配给副业的时间，现在根本就不够用。当你全心全意扑在上面时，你的自由时间就会缩水，工作节奏也会跟着改变。你还会慢慢感受到，之前那种随心所欲的灵活性，正悄悄地离你而去。

副业成了主业，它的成败也就直接关系到你的饭碗了。这时候，你肩上的责任和风险，那可不是一般的大。市场上的风吹草动、客户的百般刁难，甚至是外部环境的一点儿小变化，都可能让你的收入大受影响。所以，把副业变主业这事儿，一定要三思而后行。

副业能不能升级成主业，不是光看它赚不赚钱，你还要问问自己，是不是已经准备做好了准备。要知道，副业一旦转正，之前那种轻松自在的感觉可能就会跟你说拜拜了，取而代之的是更高的工作要求和更大的风险责任。所以，在做这个重要决定之前，你要好好琢磨琢磨，给自己充足的时间去准备。只有这样，副业转主业才会是一个明智的选择，一个能让你在事业道路上更上一层楼的决定。

第五节　主业副业该如何平衡

现如今，搞副业在职场上是越来越常见了。不少人在主业之外，还另辟蹊径，干起了副业。不过，很多时候，主业和副业的关系并不是总能和谐共存的，怎么在它们之间找到那个微妙的平衡点，成了不少"斜杠青年"的一大难题。

说到平衡主业与副业，大多数人都会陷入一个误区，以为在主业、副业还有生活娱乐之间，能找到一个完美的平衡点。可实际上，哪有这般理想化的结果？平衡，更多时候是个动态调整的过程，你得学会在风浪中掌舵，别让因为任何一方面的问题而翻了船。

一、认清一个现实

每个人的时间和精力，就像口袋里的钞票，都是有限的，不能想买什么就买什么。所以，想同时把主业和副业都搞好，还要保证自己有足够的休息时间，随时享受点小乐趣，这简直是难上加难，说是天方夜谭也不为过。

很多人的主业，并不是自己热爱的工作，而是为了生计不得不做的事情。但为了保住这份饭碗，不被优化、裁员，就要往里砸时间，砸精力，有时候还得牺牲点休息和娱乐的时间，咬紧牙关，拼了命地干。

再说副业，要是你对它有那么一股子执念，觉得它前途无量，那你也要往里头投时间、投精力。这样一来，你的休闲娱乐时间，甚至是用在主业上的时间，又会被进一步挤压。

因此，想要平衡主业和副业，第一步就得认清现实：你不可能在所有事情上都做得完美。这就意味着，你需要决定好，在哪些方面要拼尽全力，哪些方面要学会放手。这种取舍并不是一成不变的，你还要根据自己的目标和实际情况，灵活调整，随机应变。

二、明确两种定位

想要在主业和副业之间游刃有余，你要先给它们各自定个位，弄清楚它们在你的职业生涯里扮演什么角色，承载何种目标。

主业求发展，副业求生存：这种情况下，主业就是你拼事业的战场，副业则是搞外快的途径。当你的主业已经能让你吃穿不愁，成就感满满的时候，副业就只是个锦上添花的角色了。你可以在副业里试一试新技术，追求点新爱好，但不用把它当成养家糊口的主要来源，也不必让为它耗费太多时间和精力。

主业求生存，副业求发展：如果是这种情况，主业只是为了混口饭吃，满足基本的生活需求，并不是你真正热爱的事业，那么副业就得是你实现自我价值，追求长远目标的舞台了。这时候，你就要在副业上多花心思，慢慢把它培养成能接替主业，成为主要收入来源的一项事业。这种定位，就要求你在主业上稳住脚跟的同时，多挤出一些时间和精力，投资给副业，慢慢积累经验，积攒资源，为将来的转型做好充分准备。

三、注意三个要点

如果你选择"主业求生存，副业求发展"这条路，想要依靠副业成就一番事业，那还需要注意以下三个关键要点：

兜底思维，主业不可废弃。在发展副业的时候，你要时刻提醒自己，主业是现在的饭碗，是你的生存保障。不管副业看起来多有前途，多诱人，都不能因此就忽视了主业，更不能为了副业把主业给丢了。兜底思维，简单来说，就是你要在确保主业稳定情况下，去开拓副业，不能因为副业而忽视主业，更不能为了副业干出丢掉主业的事，比如泄露公司机密、盗用公司创意等。

主业为副业赋能。想让副业发展得好，主业其实可以是个很好的支撑。你要在主业上全力以赴，不光是学职业技能，还得学点管理、沟通、营销这些通用技能。这是老板在花钱为你的副业"交学费"，所以你要借此机会为你的副业打下坚实的基础。

　　毕业后，杰克一直有个梦想，就是要进入美国赫赫有名的机械制造公司——维斯康公司。可他和大多数人一样，都在招聘会上碰了壁。但杰克不是个轻易放弃的人，他直接找到了公司的人事部，提出了一个大胆的提议："我愿意免费为你们工作，任何职位都行。"公司一听，觉得这个提议挺新奇的，而且不用付工资，于是就给了他一份清理工作，负责打扫车间的废铁屑。

整整一年时间，杰克都在认认真真地做着清扫工作，同时他还趁着这个机会，仔细观察了公司的各个生产环节，记下了每个部门的技术问题和流程上的瑕疵。同时，他也全力以赴地学习管理、沟通等各种通用技能。

后来，公司因产品质量问题接连遭遇退货，面临巨大的经济损失。为了应对危机，公司召开了紧急会议，却迟迟找不到解决方案。这时，杰克主动闯入会议室，当众分析了公司产品质量问题的原因，并展示了自己在这一年里设计的改进方案。

最终，杰克设计的方案成功地为公司挽回了局面。经过董事会投票，杰克被破格提升为公司负责生产技术的副总经理。由此可见，真正的聪明人知道如何在主业上赚到比金钱更有价值的财富，而其他一些人则只知道盯着在主业里"摸鱼"这种小便宜。

耐得住寂寞，不要急于求成。副业的发展往往需要时间，不可能一蹴而就。在这过程中，耐心是必不可少的。不要因为看到一些短期的成功就急于将副业转为主业。在副业还没有稳定的收入和清晰的发展前景之前，保持谨慎，继续在主业中积累资源和经验，等待时机成熟再作出决定。

平衡主业和副业是一门取舍的艺术，你必须根据自己的目标、兴趣和现实情况，做出明智的选择。在不同的职业阶段，主业和副业的重心也会有所不同。有时候，你要在主业上全力以赴，把所有精力都投入进去，而副业就暂时保持低调。但有时候，副业则需要更多的投入，这时候，主业就得维持基本的稳定，给你提供必要的保障。所以，你要通过兜底思维确保主业的稳定，然后以主业为副业赋能，给你提供经验、技能和资源，并在副业发展过程中保持足够耐心，这样才能逐步实现从主业求生存到副业求发展的目标，最终在职业生涯中取得更大的成功。

第六章

用钱赚钱，投资理财
要讲方法

第一节　家庭财富管理的金字塔

在经济上行时期，赚钱往往相对容易，大家的收入稳步增长，投资机会也层出不穷。这时候，人们对家庭财富的管理就容易掉以轻心，更急于快速增加财富，而忽视了风险管理和长远规划。毕竟，在那样一片繁花似锦的经济景象里，财富的积累似乎只是时间问题。

可一旦经济风向转变，赚钱的难度就会增加，收入来源变得不再稳固，投资回报也变得捉摸不定。家庭财务压力骤增，人们不得不学会精打细算。这时候，家庭财富管理的重要性就显现出来了：怎么守护好手里的每一分资产？怎么在收入缩水的情况下还能让生活质量不下降太多？怎么在这风云变幻的经济环境中稳住自家的财务状况？怎么调整资产配置策略才能抵御风险……这些都成了每个家庭不得不认真思考的现实问题。

一天，一位大地主把自个儿的财产分给了三位仆人，让他们各自打理。其中，第一位仆人获得了五个单位的金钱，第二位获得了两个单位的金钱，第三位则获得了一个单位的金钱。地主嘱咐他们："要好好珍惜和管理这笔财富，一年后再看看他们的成果。"

第一位仆人拿到钱后各种投资，忙得不亦乐乎；第二位则买一堆原料，做起了生意。第三位仆人，倒是稳妥，他直接把钱埋在树下了，生怕谁偷走了他的钱。

一年时间转瞬即逝，地主把三位仆人叫回来，想看看他们拥有了多少财富。第一位、第二位的财富都翻了一番，可第三位仆人的钱还是原封不动，他解释说："我怕用不好，损失了，所以就找了个安全的地方藏着，今天全还给您。"地主一听，火冒三丈，骂道："你这懒人，给你的财富都不好好利用！"

这个故事说明了一个道理：不善用财富，那就是浪费，浪费老天给你的资源。第三位仆人挨骂，不是因为他乱花钱，也不是因为他投资失败，而是因为他压根儿就没动脑子，没去好好利用这笔财富。个人如此，家庭也是如此，科学的家庭财富管理，就是要想着怎么把家庭中的财富，既分配得合理，又用得恰到好处，既要让财富像小树苗一样稳健增长，又得学会怎么挡风避雨，控制好风险。而这就像建造一座金字塔一样，要从根基开始，一层层往上垒。

家庭财富管理的金字塔是一种有效的财务管理模型，不管经济环境怎么变，它都能帮你稳住家庭的财务大局。这个金字塔有三层：基础层、保值层和增值层。（如图 6-1 所示）每一层都有自己独特的功能和风险收益特征，合理的配置可以确保家庭在经济波动中依然稳如泰山。

一、基础层：保障家庭基本生活与风险防范

金字塔的底层，是整个建筑的根基，对应到家庭财富管理上，就是基础层。这层基础要打得非常牢固，因为它是确保家庭安稳度日、抵御风雨的根基。

这基础层之中，需要配置银行活期存款、保险和国债这些低风险、高流

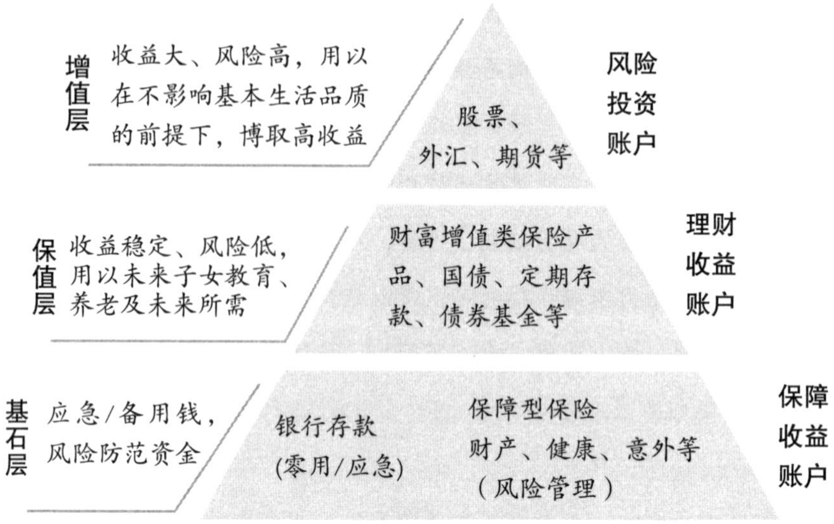

图6-1 家庭财富管理金字塔

动性的资金。活期存款就像是家里的现金罐,紧急情况下一提就能用,一般建议存上三到六个月的生活费,这样就算碰到什么突发开销或是收入暂时中断了,也能不慌不忙,心里有底。保险就是一种保障,万一有什么意外,它能暂时缓解家中的财务压力。这些基础资产,虽然收益不多,但却是家庭财务安全的压舱石,别看它们平时不起眼,关键时刻,那可是真正的"救命钱"。

二、保值层:应对通胀与财富保值

在基础层之上是保值层,这一层是家庭的财富护城河,专门对付那让人头疼的通货膨胀,确保家庭财富不出现贬值风险。保值层里面,可以配置一些固定收益类产品、各类基金、企业债券等。它们既不像基础层那么保守,也不像增值层那么激进,风险相对较低,收益相对较高。合理分配这些资产,就算经济环境不那么好,家庭财富也能保持实实在在的购买力。

一般来说,保值层的资产配置比例要占家庭总资产的20%到90%,具体多少设置多少,还要看家庭具体的风险承受能力和财务目标。企业债券的收益是比国债高，但投资前需要仔细评估发行企业的信用风险，以免亏了收益，本金也拿不回来。基金虽然比股票稳当些，但也不是稳赚不赔的，所以，投资前得精挑细选，不能马虎。

总的来说，保值层既能防着通货膨胀那只猛虎，又能让家庭的钱袋子悄悄鼓起来，实现财富的稳健增长。因此，这一层的资产配置，一定要好好琢磨才行。

三、增值层：实现财富增长与生活品质提升

金字塔的顶层是增值层，这一层主要通过一些进取性的投资，比如股票、期货、房地产等高风险、高回报的投资产品，实现家庭财富的增长和生活品质的提升。虽然这些投资产品的波动性较大，但如果投资得当，那回报也是相当可观的。

在配置顶层资产时，需要有明确的目标和策略，还要时刻注意风险控制。这一层的投资应该只占家庭总资产的小部分，不能把所有的钱都押在这一层上，不然市场一波动，家庭的财务状况可就岌岌可危了。

所以，增值层的配置比例，最好在家庭总资产的0%到50%之间比较合适。具体配置多少，还要看家庭的财务状况和风险偏好。股票市场虽然回报潜力大，但风险也不小，一旦投资过多且被套牢，家庭生活就会受到影响；期货市场风险虽然要股票市场小，但其对专业性的要求比较高，你需要会市场分析，还得能快速应变，想要轻松获利，也不容易。

总之，增值层就像是一场有挑战的考验，如果你有余力、愿意承担一定的风险，那么可以一试，说不定就能顺利实现财富增值。但一定要记住，投资有风险，入市需谨慎！

在构建家庭财富的金字塔大厦时，资产配置绝对是那块不可或缺的基石。它能在风云变幻的经济环境中灵活调整，平衡风险与收益，确保家庭财富持续增长。每个家庭的财务状况、风险偏好、投资目标都不相同。因

此，资产配置方案也要"私人订制"，量身打造，才能贴合每个家庭的独特需求。

年轻家庭往往更倾向于加大增值层的比例，以追求更高的回报；而年长家庭则更注重基础层和保值层的配置，以确保财富的安全性和稳健性。无论是基础层的安全保障，还是中间层的稳健保值，抑或是顶层的进取投资，都应该根据家庭的实际情况进行调整，这样才能实现财富的增长和风险的管控。

家庭财富管理金字塔为家庭的财富管理提供了一个清晰而有效的框架。从基础的生活保障到稳健的财富保值，再到进取性的财富增值，这一层层的理财结构不仅能够帮助家庭在经济繁荣时期积累财富，更能够在经济低谷时提供坚实的财务支撑。无论经济如何波动，遵循这一理财结构，家庭都能在财富管理的道路上走得更加稳健，确保财务安全和长期增长。

第二节　钱生钱，复利的秘密

相信大家都听过这样一个故事：古印度有一位名叫西萨的宰相，他发明了国际象棋，并因此得到了国王的赏识。西萨向国王提出了一个看似微不足道的要求：在棋盘的第一个小格里放一粒麦子，第二个小格里放两粒，第三个小格里放四粒，以此类推，直到64个格子都放满。国王觉得这是个小要求，于是爽快答应。然而，当宫廷的算数高手们开始动手计算时，他们惊讶地发现，按照这种方式填满棋盘所需的麦子数量，竟然是一个令人瞠目的天文数字！即便是倾尽全世界的麦仓，也无法满足这一要求。

这就是复利的魔力。它告诉我们，一笔微小的资金，在时间的催化下，能够孕育出超乎想象的财富。复利的力量就是如此神奇，它能让你的财富像滚雪球一样越滚越大，只要你愿意给予它足够的时间。

在财富管理的世界里，有人认为了解它的人可从中获利，不明白的人将付出代价。举一个简单的例子，现在你有两个选择：一个是在30天后一次性获得1亿元；另一个是在第一天获得1元，第二天获得2元，第三天获得4元，第四天获得8元，以此类推，一直到第三十天。你将如何抉择？

大多数人可能会选择第一种，直接等30天，一次性拿到1亿元。但如果认真读了前面的故事，应该会知道，真正划算的其实是第二种选择，因为这样会在30天后得到近10.7亿元。这就是复利的威力，每次在获得投资回报时，把本金与回报一起滚存，时间越长，获得的回报也就越多。

股神巴菲特在自己的投资生涯中，曾依靠复利获得了丰厚回报。为了让人们更好地理解复利的价值。巴菲特曾讲过这样一个故事：

1626年，曼哈顿岛上发生了一笔交易，一群印第安人把这座小岛卖给了荷属美洲新尼德兰省的总督彼得·米纽伊特。交易结果显示，印第安人只拿到了24美元，就把曼哈顿岛上22.3平方英里的地全给了米纽伊特。乍一看，这交易简直不公平到家了，米纽伊特赚得盆满钵满，印第安人却亏大了。

但巴菲特在1964年讲这个故事时，提出了个有意思的假设。他说，如果印第安人当时能拿这24美元去投资，每年的收益率能达到6.5%，那338年后，这笔钱就能翻到420亿美元！要是他们每年能多赚那么一点点，把收益率提到 7%，那到 1964 年，这 24 美元就能变成 2050 亿美元的巨款！

哪怕是一点点小钱，只要时间够长，复利效应也能让它变成一大笔财富。

其实简单来说，复利就是"利息生利息"，与单利不同，复利不仅会根据最初的本金计算利息，还会将产生的利息并入本金，在下一个计算周期中，新的本金会再次产生利息。随着时间的推移，利息会逐渐累积，形成一个利滚利的效应，使得财富在不知不觉中成倍增长。

举例来说，如果你有一笔投资，每年能产生 10% 的利息，采用复利的计算方式，那么一年后，你不仅能得到最初本金的利息，还能在第二年获得更高的利息，因为计算利息的基础已经变成"本金 + 利息"。随着时间的推移，投资的回报也会呈现出指数增长的态势，这正是复利的强大之处。

可以发现，在收益率稳定的情况下，时间越长，复利的效果越显著。也正因为如此，复利的威力常被形象地比喻为"时间的朋友"。而这也意味着，越早开始投资，就越能享受到复利的强大效果。

设想一下，如果你在 25 岁时开始投资，存入 1 万元，假设年回报率为 8%，到你 65 岁时，这笔钱将增值到接近 217 万元。而如果你推迟到 35 岁才开始同样的投资计划，到 65 岁时，你的总收益仅为 100 万元左右。

由此可见，真正要让复利发挥作用，主要在于确保它的持续性和稳定性，这要求投资者在使用复利策略时必须具备耐心。复利的积累是一个漫长的过程，初期可能看不到明显的收益，然而，随着时间的推移，复利的威力会逐渐显现，最终带来巨大的回报。

不过，在现实生活中，许多人往往难以抵御短期收益的诱惑，或者因为市场波动而产生焦虑，最终选择放弃长期的复利策略。这种急功近利的心态，往往会让投资者错失复利带来的巨大财富增长。

话说回来，就算投资者能咬牙坚持复利策略，这也不代表所有的复利策略都是稳赚不赔的。高收益背后往往藏着高风险，特别是投资不当或者市场波动的时候，复利这把双刃剑可能会反过来，让你的亏损也呈"复利"式增长。

复利的好处是得靠投资持续增长带来长期收益，但市场也是有脾气的，会时不时来个"情绪波动"。要是市场低迷的时候你还硬着头皮投钱，虽然长远看可能还有翻盘的机会，但短期内，那亏损可是会被无情地放大，特别是市场大动荡或者长期走下坡路的时候，复利简直就是你亏损的加速器。

而且，复利的计算通常是假设每年的收益率是固定的，但现实呢？投资收益率就像六月的天，说变就变，可能变得比你预想的要高，也可能变得比你预想的低，甚至有时候还会给你来个负收益。收益率一缩水或者变成负的，那复利的魔力也就大打折扣了，搞不好还会让你的本金也跟着缩水。

需要注意的是，通货膨胀有时候也会悄悄偷走你投资的实际购买力。要是投资的年收益率跑不赢通胀率，那复利增长也就是个数字游戏，表面上是赚到了钱，实际购买力可能还在原地踏步或者倒退呢。而从长远来看，这便意味着复利带来的财富增长只是种美丽的幻觉，根本没法让你的生活品质更上一层楼。

所以，复利虽然是个好东西，但它也不是万能的。你在享受复利带来的财富增长时，也要睁大眼睛，把相关的风险看得透彻一些，免得一不小心就踩了坑。比较明智的做法就是分散投资，定期给投资组合做个体检，适时调整，这样才能在复利的道路上稳步前行，同时也能应对市场上的各种不确定性和风险。

第三节 不要小看通货膨胀

很久以前，在茫茫大海中有一座神秘的孤岛。这个岛上有一个小集市，集市上唯一的商品就是羊，岛民们则只能用手中的金子来购买羊。岛上的羊数量有限，岛民们手中的金子总量也是固定的。因此，集市上的交易一直保持着稳定的平衡，大家用一定数量的金子买到自己需要的羊，生活平静如常。

然而，有一天，岛上的一位居民偶然发现了一座金矿。这个消息迅速传开，岛民们纷纷涌向金矿，开始疯狂地开采金子。源源不断的金子被带到集市上，大家手中的财富突然间多了许多。

可是，随着集市上的金子越来越多，岛民们渐渐发现了一个奇怪的现象：尽管每个人手中的金子增加了十倍，但他们却发现自己仍然只能买到那么几只羊。金子的数量增加了，羊的价格却也跟着飞涨。原本一锭金子就能买到一只羊，现在却要十锭金子才能换到一只。

故事中的岛民不知道，为什么他们手中的金子多了，实际能买到的羊却没有增加。金子增多并没有带来真正的财富增加，只是让他们手中的金子变得不那么值钱了，这更是让他们百思不得其解。

其实，之所以会出现这种情况，正是因为"通货膨胀"。当市场上的货币供应量增加，但商品和服务的数量没有相应增长时，物价就会上涨，货币便会贬值。换句话说，就是你手中的钱越来越多，但能买到的东西却越来越少。正如岛上的居民一样，金子再多也只能买到那几只羊。

所以，当经济中的"金子"越来越多，而"羊"却没有增加时，我们的财富看似增长，但实际上只是数字变大了而已。通货膨胀作为经济生活中一个常见但容易被忽视的现象，对我们的财富、生活质量乃至整个社会的经济结构都有深远的影响。因此，了解通货膨胀的影响，并学会如何应对它，是每个希望财富保值增值的人所必须掌握的能力。

第一次世界大战结束后，德国政府为了筹集资金支付赔款，决定大量印刷货币。从1922年初开始，德国的货币供应量迅速增加，物价也因此飞速上涨。以报纸为例，1921年1月，一份报纸的价格还仅为0.3马克；到了5月，这个价格就涨到了1马克，10月份更是迅速攀升至8马克。而这仅仅是个开始，到1923年9月，报纸的价格已经飙升至1000马克，随后到11月中旬，报纸的售价已经高达7000万马克。随着通货膨胀率的疯狂上涨，德国马克的价值迅速崩溃，物价涨幅已超出人们的承受能力。工人们不得不一天分两次领取工资，因为早上刚拿到的工资，到了晚上可能就只能买到一块面包，而早上这些钱还能买一幢房子。

从上面的故事可以看出，通货膨胀的主要原因就是货币的超发。货币供应量超过了实际需求，市场上钱太多了，导致钱变得不值钱，物价不断攀升。而其最直接的影响，便是购买力的下降。你会发现，自己手里的钱越来越不值钱了，能买到的东西越来越少。比如，几年前一斤肉只需要几元钱，现在则需要十几元。这并不是因为肉本身变得更值钱了，而是因为货币贬值了。同样的1万元，在10年前和现在的购买力也有着天壤之别。

既然货币超发会导致通货膨胀，而通货膨胀会使得人们的购买力下降，那为什么政府还要超发货币呢？这是因为，适度的通货膨胀也会有一些显而易见的好处，比如收入的增长、税收的增加、经济的繁荣等。

适度的通货膨胀有时能带来经济增长，至少在短期内是这样的。很多时候，货币超发的目的都是为了刺激经济——通过增加货币供应，企业得以扩大生产，工人能够获得更多的工资，政府的税收收入会随之增长，更多人会有钱消费，市场上的商品和服务需求也会有所增加，从而形成经济的短期繁荣。但这种繁荣往往是暂时的，并且是以牺牲长期经济稳定为代价的。

为什么说这个经济繁荣是短暂的呢？因为在通货膨胀期间，企业和消费者往往会在资源配置上做出非理性的决策。例如，企业可能会因短期的高需求而过度投资，而不是基于长期的可持续发展策略。消费者也可能因为对未来物价上涨的恐惧而进行过度消费或投资，这些行为都会导致资源的错配，最终破坏经济的长期稳定。

更为严重的是，通货膨胀往往会加剧贫富差距。在货币超发的初期，那些拥有更多资源和信息优势的人能够率先获取到资金，并迅速投入到生产和投资中，赚得盆满钵满。而很多时候普通民众根本接受不到货币超发带来的积极影响，如此以来，随着物价上涨，财富被重新分配，结果只会是富者愈富，穷者愈穷。

因此，对于各国政府来说，通货膨胀是一把双刃剑，用得好了，能度过经济危机，促进经济繁荣，用得不好，则会扰乱经济秩序，搞得民不聊生。

作为普罗大众，是没办法靠个人力量去左右通货膨胀的，因此，只能采取积极的措施进行应对。一般来说，应对通货膨胀的主要方法就是投资，因为，将钱存放在银行账户中，特别是低息账户，虽然看似安全，但实际是"温水煮青蛙"。随着通胀的侵蚀，低息存款并不能保值，甚至会导致财富缩水。因此，为了抵御通胀，只能选择投资能够产生高收益并跑赢通胀率的资产。

不过，前面也说了，投资并不是件稳赚不赔的买卖，尤其是要追求高收益的投资，那风险必然也会很高。如果再碰上经济下行周期，遇到资本市场低迷，那靠投资跑赢通胀，就会成为一场"豪赌"，输赢难料。所以，仅靠理论上的"投资跑赢通胀"，可能并不能解决你的财富缩水问题。

那遇到这种多重负面效果叠加的情况，该如何应对呢？大多数人唯一能做的就是保住基本收入，并想办法开源节流。这其实与前面提到过的"主业求生存，副业求发展"的策略大同小异，即在稳定主业的同时，靠副业增加收入，时机合适再稍微进行一些投资理财活动，只要能熬过这段艰难时期，再选择积极稳健的投资策略，与通货膨胀赛跑，那成功率就会高上很多。

第四节　别做盲目从众的"羊"

有一群羊在草原上悠闲地吃草，突然一只羊开始往某个方向奔跑，其他羊看到后，不问缘由，也纷纷跟着跑。结果，整群羊在没有明确目的的情况下，一路狂奔，最后跌落悬崖。

这就是心理学中的"羊群效应"，它反映了人类在面对不确定性时，往往会不加思索地跟随大众的行为，而忽略了自身的理性判断。这种现象在日常生活中非常常见，只不过很多时候都没有被人们意识到。

你和朋友一起去逛街，中午要吃饭时，发现商场中有两家很相似的店，其中一家门外坐了一排人正在等待就餐，另一家门外几乎没有人。这时，你会选择哪一家店就餐？

你和朋友刚吃完午饭从商场出来，想要买一杯奶茶解解渴，恰巧看到一家新开的奶茶店，门前排了好多人，你会选择这家自己没有见过的新品牌奶茶店吗？

如果过滤掉不愿等待这一因素，应该会有不少人会选择人多的店。因为在大多数人在潜意识中会觉得，更多人排队的饭馆饭菜肯定好吃，更多人排队的奶茶肯定有其独到之处。这其实就是一种跟风，或者说是盲目从众行为，是"羊群效应"的一种典型表现。

在金融投资领域，这种盲目跟风的现象非常普遍。当股市一片大好时，很多人看到别人赚钱了，也忍不住冲进去。然而，当股市下跌时，他们又往往匆忙退出，导致亏损。这样的行为，无异于那群跟着前面羊乱跑的羊群，最终的结局往往是不尽如人意的。

18世纪初，英国南海公司成立，并向公众讲述了一个诱人的故事：公司将通过股票发行吸收巨额资金，以清偿国债，同时开展与南美洲的贸易，声称未来会有大量黄金白银从新大陆流入英国，投资者将因此成为世界上最富有的人。南海公司的股票因此备受追捧，从1720年年初的每股128英镑迅速飙升至8月份的1000英镑，短短几个月涨了近八倍。

就连伟大的物理学家牛顿也敏锐地嗅到了这股上涨的风潮，年初果断入手南海公司股票，并在4月以一笔可观的利润优雅离场，轻松赚取7000英镑。然而，面对股价的持续飙升，牛顿终究没能抵挡住诱惑，7月时再次重仓杀入，梦想着能攫取更多的财富。

第六章 用钱赚钱，投资理财要讲方法

可事实却是，此时的南海公司早已陷入了泥潭。原本由南海公司推动，旨在打击竞争对手的"反泡沫公司法"，竟意外地引发了市场对南海公司前景的广泛质疑。当公司高层纷纷开始抛售自家股票时，股价如断崖般下跌，到了年底，已跌至124英镑，股价泡沫瞬间破灭，一切繁华化为泡影。

这一次，牛顿损失惨重，2万英镑打了水漂，这相当于他作为英格兰皇家造币厂厂长十年的薪水。经历此番沉浮，牛顿深刻反思，留下了那句至今仍让人深思的名言："我能精准计算天体运行的轨迹，却无法预料到人性的疯狂。"

即便是牛顿这样的智者，也会在市场的狂热浪潮中失去了冷静，最终因盲目跟风而栽了跟头，损失惨重。这背后的深层原因，说到底，还是资本市场里信息获取的不对称性。普通投资者，很多时候就像是雾里看花，看不清全局，拿不到那些全面、准确的信息。所以，大家往往就盯着那些"有影响力"的大佬们，看他们怎么动，自己就怎么跟，想着这样能降低自己决策的风险。

可有时候受羊群效应影响的人，会自己给自己加油，形成一个越来越无解的循环。比如，很多人一股脑儿地冲进某只股票，把股价炒得高高的，这时候，更多的投资者一看，这股票这么火，我也要赶紧买，结果股价就被推得更高了。这种正反馈，就像是火上浇油，能让资产价格飞快地远离它本来的价值，直到有一天，市场风向突然变了，泡沫"啪"地一下也就破了。

所以，投资真的不能盲目跟风，要学会自己分析，别总是跟着市场的热点跑。你要有自己的研究和判断，别让别人牵着鼻子走。要把目光放长远，多关注公司的基本面，看看这公司到底值不值得投；再看看行业的前景，这行业是不是未来的风口；还有宏观经济环境，大趋势怎么样。做投资决策的时候，还要基于数据和事实，学会控制自己的情绪，别被市场的短期波动给

带偏了，凭感觉瞎猜。

除此之外，培养清晰的底线思维也很重要，它能帮助你在市场波动的情况下做出理性的决策，有效保护你的资产免受市场波动的严重冲击。具体来说，投资中的底线思维主要体现在两个方面：一是设定止损点，二是明确收益目标。

先说止损点，这是投资者必须提前设定的一个关键点位。一旦投资的资产价格跌到这个水平，你就需要果断卖出，以防止进一步的损失。这个止损点的设定应基于个人的风险承受能力和市场状况，并且一旦设定，就必须严格执行，绝不能因为市场的波动而随意改变。

除了止损点，你还需要设定一个合理的收益目标。当资产价格达到这个目标时，你就应该考虑卖出并锁定利润，而不是被市场的乐观情绪所影响，继续追逐更高的收益。这种"见好就收"的策略能够帮助你在市场上涨时及时锁定收益，避免在随后的下跌中丧失已得的利润。

投资市场是动态变化的，经济形势、行业发展、公司业绩等因素都会随着时间的推移而发生变化。因此，你需要定期评估自己的投资组合，确保其仍然符合你的底线思维。如果市场环境发生了重大变化，或者某个资产不再符合你的投资标准，那么你应该及时调整投资策略，重新设定止损点或收益目标。但是，这个调整过程必须谨慎进行，不能随心所欲，否则设置底线的意义就荡然无存了。

投资不仅仅是追求高收益，更重要的是在市场的不确定性中稳健前行。底线思维是一种重要的投资策略，它能帮助你在市场波动中保持理性，让你在资本市场中更加从容地应对各种挑战，避免因盲目从众而导致重大损失。坚守底线思维，你可以更好地保护自己的资产，实现长期稳健的投资回报。

第五节　读懂股债基，投资不迷茫

"不要把所有鸡蛋都放在一个篮子里"，这是投资界大佬们常常挂在嘴边的一句话。特别是在经济环境充满不确定性的今天，这种分散投资的策略显得更为重要。它能够帮助投资者有效分散风险，避免因为某一个投资项目的失败而导致整体投资的亏损。

美国超级富豪霍华·休斯就是分散投资的典型代表。在他长达 50 年的职业生涯中，个人财富积累到了惊人的 20 亿美元。这一切都得益于他采取的"化整为零"的分散经营策略。

与那些传统做法——集中资金和资源于单一企业不同，休斯选择了同时投资多种企业。当时，许多人对他的这种投资方式持怀疑态度，认为过于分散的投资方式可能导致他无法全力照顾到每个企业，最终导致部分事业的失败。然而，休斯的思维方式与众不同。他认为，通过同时投资多个企业，可以有效利用"平均率"，即使某一项事业失败，其他成功的事业也能弥补损失，最终确保整体的成功率更高。

在投资休斯机床公司的同时，他也向好莱坞的各个公司进行投资。虽然他的第一部电影遭遇了失败，但接下来拍摄的三部电影却大获成功，甚至让他获得了一家好莱坞制片公司的全部控股权。而在此期间，他的注意力又转向了航空领域，从开设飞机修理厂开始，逐步发展为著名的休斯飞机公司和环球航空公司。

休斯的商业帝国遍及多个领域，他的成功证明了分散投资的智慧。即使个别项目可能失败，但通过多元化的布局，总体上仍能确保巨大的成功。这也正是"不要把所有鸡蛋都放在一个篮子里"这句投资箴言的最佳实践。

在现代金融市场中，股票、债券和基金是三种最常见的投资工具。它们在收益和风险上各有特点，合理搭配这些工具，是投资成功的关键。

近年来，随着经济环境的不断变化，投资市场的波动性也日益增加。许多人在追求财富增长的过程中，常常面临着如何选择合适投资工具的困惑。你可能会听到一些投资建议，比如"股票能带来高收益，但风险也大"，"债券稳健，但回报较低"，"基金是分散风险的好选择"。但这些说法背后到底隐藏着怎样的逻辑？不同的投资工具又如何影响你的财富增长？这些问题如果得不到有效解答，将直接影响到你的投资决策。

尤其是在经济周期的不同阶段，股票、债券和基金的表现可能会有显著差异。在经济上行期，股票市场往往表现强劲，但也容易形成泡沫，增加投资风险；而在经济下行期，债券和某些基金可能成为避风港，提供相对稳定的收益。如何在这复杂的市场中做出明智的选择，不仅关系到你能否获取满意的投资回报，更决定了你在面对市场波动时，能否保持内心的从容。

因此，深入理解股票、债券、基金的基本特点，掌握它们各自的投资逻辑，是每一个投资者都必须掌握的基本功。只有这样，我们才能在市场的起伏中保持冷静，做出理性且明智的投资决策。

一、股票：高收益与高风险并存

股票是一种代表企业所有权的证券。买股票就是成为一家企业的部分所有者，虽然只是持有部分所有权，但也能享受到公司的分红，如果股价上涨，你还能获得额外的收益。

但赚大钱的同时，股票的风险也是实实在在的。股市的波动性很大，受宏观经济、行业发展、公司经营状况等多重因素的影响。有时候，股价能迅速上涨，但也可能一转眼就大幅下跌。

因此，投资股票需要非常谨慎。你要有足够的市场知识，还要有良好的心理素质，能承受得住市场的起伏。在选择股票时，要重点关注公司的基本面。那些盈利能力稳定、成长前景较好的公司，才是你值得投资的对象。毕竟，投资这件事，稳健才是关键，千万不要被一时的高收益迷了眼，而忘了风险的存在。

二、债券：稳健型投资者的选择

债券是一种固定收益证券，通常由政府、企业或金融机构发行。购买债券就相当于你借钱给发行机构，然后他们会定期给你利息，到期了还会把本金还给你。相比股票那种高风险的投资，债券的收益相对稳定，不会让你经历太多惊心动魄的瞬间。因此，风险承受能力较低的投资者，更适合购买债券。

但需要注意的是，债券投资也并非毫无风险。市场利率的波动、发行机构的信用状况等因素，都可能对债券的价值产生影响。特别是在通货膨胀率较高的情况下，固定收益债券的实际购买力可能会下降。

因此，在选择债券时，你需要关注利率环境和发行机构的信用评级。尽量挑选那些能够提供合理回报且风险较低的债券，别只盯着收益看。

三、基金：多样化投资的利器

基金是一种汇集众多投资者的资金，然后由专业的管理团队进行投资操作的投资方式。基金的种类繁多，有专注于股票的，有专注于债券的，还有在货币市场运作的。但无论哪种基金，它们都有一个共同的特点，那就是通过投资多种资产，来降低单一资产波动对整体投资的影响。

对于那些时间有限、专业知识不足的投资者来说，基金无疑是一个很好的选择。你只需挑选适合自己的基金，就能实现财富的稳健增值。当然，选择基金时也需要谨慎，因为不同类型的基金，其风险和收益特征差异较大。你需要结合自己的财务状况、投资期限和风险承受能力，来做出合理的投资决策。更为重要的是，你要选择一个靠谱的基金管理团队，这个团队里要有经验丰富的投资高手，他们要懂得如何分散风险，如何在不同的市场里寻找机会。

因此，相比于其他两种投资，基金投资更注重对人的考量，你要选好为你赚钱的人，才能为自己的财富之路铺设稳健的基石。

了解了股票、债券、基金这些投资工具的基本特点后，下一步就是如何根据个人的风险承受能力和财务目标，合理构建多样化的投资组合。这需要我们根据自身的实际情况，灵活调整不同投资工具的比例。

对于追求高回报、愿意承担较高风险的投资者，可以增加股票或股票型基金的配置，以获取更高的收益；而对于稳健型投资者，债券和债券型基金则是更好的选择，它们能提供相对稳定的收益，降低投资组合的整体风险。

不过，无论选择哪种投资工具，关键在于保持理性投资，避免盲目跟风。投资者需要定期审视和调整投资组合，以应对市场变化和个人财务目标的调整。

第七章

创业者思维，风浪越大鱼越贵

第一节　辞职创业，你想好了吗

当你厌倦了朝九晚五的单调生活，觉得在公司里已经学不到什么新东西，或者感觉自己的能力得不到充分施展时，创业的念头可能会不自觉地浮现在脑海中。然而，辞职创业并不是一件可以轻易决定的事情，它意味着你将告别稳定的工资收入，投入到一个未知的、充满挑战的世界。要想成功创业，你首先需要具备两个关键素质：敢想和敢做。

创业的第一点素质，就是要敢想。它意味着你要有足够的创业欲望，并且在心中已经勾勒出一幅明确的目标蓝图。有了明确的目标和坚定的创业欲望，你才能在追梦的路上迈出那坚实的第一步，不至于一开始就迷失方向。但现实中，很多人心里虽然燃烧着创业的火种，可一碰到困难，火苗就熄灭了，最后只能眼睁睁地看着成功的机会溜走。

一天，井植岁男家的园艺师傅找到了他，带着几分羡慕，几分无奈地说："社长先生，您看您的事业越做越大，而我就像树上的蝉，一辈子就钉在这树干上了，真是没出息。您能不能给我指点一二，教我点儿创业的秘诀？"

井植岁男听了，认真地点了点头，说："可以啊！我看你挺适合干园艺这一行的。这样吧，我工厂旁边有块7万平方米的空地，咱们可以合作种树苗。你觉得，一棵树苗大概多少钱能买到手？"

园艺师傅想了想，回答说："大概400日元吧。"

井植岁男接着说："好！咱们算算账。去掉走道的面积，咱们能在2万平方米的空地上种上大约2万棵树苗。这样一算，树苗的成本大概就是1000万日元。3年后，这些树苗能卖到每棵3000日元。这1000万日元的树苗成本和肥料费，我先给你垫着，你就负责除草、施肥这些活儿。3年后，咱们就能赚个6000多万日元的利润，到时候咱们五五分，怎么样？"

可没想到，园艺师傅一听这提议，脸色突然就变了，紧张得连连摇头，说："哎呀，我可不敢做这么大的生意！"结果，他还是选择留在井植家，按月领工资，过他的安稳小日子。

园艺师傅虽然也有致富的梦想，但当机会真正摆在面前时，他考虑到可能的风险、未来的辛苦，以及自己将要面对的种种困难，最终选择了退缩。正是因为他不敢想，不敢设想自己可以成就更大的事业，所以只能继续过着按月领取工资的生活，错失了改变命运的机会。

创业这条路，虽然充满了未知和挑战，但你要是不敢想、不敢试，那就永远也别想迈出第一步。那些能成功创业的人，他们心里都有个明确的目标，他们不满足于现状，总是想着要更上一层楼。正是这种不满足，让他们有了创业的念头和改变命运的勇气。所以，要想创业成功，首先就得有那份敢想的胆识。

创业的第二点素质，是要敢做，这可是实现创业梦想的关键。在创业这条路上，光有愿望和目标是不够的，你还要有强大的执行力，要能把想法变成行动，把蓝图变成现实。很多人心里都有一幅美好的创业蓝图，梦想着能成就一番大事业。但结果，就因为缺乏实际行动，那蓝图就永远只能挂在墙上，成功的机会也就这么溜走了。

有这样一个人，整天就坐在自己的地边上，眼看着那成熟的土豆埋在土里，就是不动手去挖。邻居看他这副模样，心里直犯嘀咕，就问他："嘿，你怎么不去挖土豆呢？"

这人一听，自豪地说："我不用受累，我的运气一直好得不得了。有一次我打算砍几棵大树，结果一阵狂风吹来，'咔嚓'一下，大树就被刮断了。还有一次，我打算烧地里的杂草，刚想着呢，一个闪电下来，杂草一下子就被烧光了。"

邻居听完，也是挺无奈，感叹道："你这运气，真是没的说。那你现在这是在干什么呢？"这人嘿嘿一笑，说："我现在正在等地震呢，等它把土豆从土里给我翻出来。"

这个总爱心存侥幸的家伙，满心期待着好运能再次降临，却懒得付诸任何实际行动，只是悠哉游哉地坐在地上空等，结果只能眼睁睁地看着收获的机会溜走，空留遗憾。创业可不是光靠脑袋里那点灵光一闪的好想法就能成事的，没有点儿真刀真枪的实际行动，再好的创意也只能是脑海里的浮云，最后什么都捞不着。

创业者必须具备强大的执行力，要有一股"不怕苦，不怕累，认定了目标就勇往直前"的劲儿。别光嘴上说说，得动手干起来，用汗水浇灌梦想，才能让梦想的种子生根发芽，开出绚烂的花来。

所以，创业不光得敢想，还得敢做。敢想，是给自己立个方向；敢做，是朝着方向冲锋的行动力。两者缺一不可，就像车的两个轮子，一起转起来，才能在创业的这条路上跑得稳、跑得远，最终在市场的竞争中脱颖而出，迎来属于自己的辉煌。

当然，敢想敢做只是创业的前提，想要辞去现有的稳定工作，走上充满挑战的创业之路，你还需要问自己几个关键问题：

除了创业的想法，你还准备好了什么？

这里说的"准备好"，可不是指你光有个听起来不错的创业想法就完事儿了，而是得看看你是否真正具备了创业所需的各种资源、技能和心态。创业不同于在公司里按部就班地打工，它要求你拥有更广泛的能力。从产品开发，到团队管理，每一个环节都需要你亲自把控。所以，你要做好准备再去创业，而不能仅凭一时的"头脑发热"。

你是否有面对失败的心理准备？

要知道，创业这条路，可不是铺上红毯的迎宾大道。从过往的经验来看，大部分的创业项目在刚起步的时候就跌跌撞撞，甚至直接摔了跟头。创业失败，不仅仅是钱袋子瘪了那么简单，它还可能给你的心灵来上一记重锤。所以，在你决定辞掉那份安稳的工作，投身创业大潮之前，你要先问问自己：要是创业失败了，我有没有那股子韧劲儿，能拍拍土，重新站起来？我有没有给自己留条后路，不至于一落千丈？

创业不是逃避现实问题的方式

有些人觉得，辞了职，自己创业，就能把职场上的那些不如意一股脑儿地甩掉，从此天高任鸟飞，海阔凭鱼跃。但真相是，创业不仅不会让你的问题消失，反而可能像打开了潘多拉的盒子，让你面对更多、更复杂、更棘手的挑战。要是你对现在的工作环境不满意，不妨先试着调整调整自己的心态，或者找找看有没有更合你心意的职场机会，别一股脑儿地就扎进创业的深海里。

创业不是你一个人的事

想要辞职创业，你要先跟家里人商量商量，看看他们是怎么想的，支不支持你。辞职创业，不光会影响你自己，还会波及到你的家人。你辞了职去创业，刚开始可能连稳定的收入都没有，这便会对家里造成一定的经济压力。所以，在你决定辞职创业之前，跟你的伴侣、家人好好聊聊，确保他们都理解你的打算，并且愿意支持你，这可是必不可少的一步。

辞职创业，这可不是一时冲动就能搞定的事儿，它得需要你深思熟虑，权衡利弊，做出明智的决策。如果你已经把这些都想清楚了，觉得自己能够应对创业路上的风风雨雨，那么辞职创业，或许真的是一条值得你去探索、去挑战的道路。但在迈出这一步之前，请务必确认：你真的准备好了吗？

第二节　创业离不开"996"

要是你受不了996的作息，受不了加班的折磨，受不了压力山大，受不了生活像团乱麻，受不了未来充满变数，受不了看着伙伴一个个离去，更受不了最后所有烂摊子都得你来收拾，那就别琢磨创业这件事了。因为你所讨厌的这些，创业路上都可能会遇到。

很多人一提创业，脑子里就会飘出一个词：自由自在。殊不知，这背后还隐藏着沉甸甸的责任，压得你喘不过气的压力，以及无休止的投入和付出。创业本质上就是"996"的工作模式，有时候比996还要狠。

什么是"996"？就是从早上9点干到晚上9点，一周六天不停歇。这可不是互联网公司的专利，而是所有创业者不言自明的日常。在创业过程中，每天 12 个小时甚至更长的工作时间，并不是一个夸张的数字，而是实现目标所需的基本要求。

有人可能要问了："这么拼，人不得累垮了？创业效果能好吗？"说实话，压力大了，身体心灵都会受罪。但对创业者来说，时间很宝贵，特别是刚开始阶段，每一秒都可能是关键。这话似乎有些危言耸听，但事实确实如此。

创业，就是一场跟时间较劲儿的赛跑。在商业市场中，行业趋势变得很快，你稍微一慢，机会就溜走了。所以，创业者们要豁出去，把时间挤得不能再挤，产品和服务要不断更新换代，这样才能抢到市场的头彩。这就意味着，创业者要比别人多花几倍的工夫，白天黑夜地干，周末也不闲着，就连别人睡觉的时候，他们可能还在琢磨事儿，规划公司的未来。

为什么创业者这么拼？说到底，就是心里有股子不服输的劲儿。有的人创业，是想换个活法；有的人，则是为了圆个梦；还有的人，是为了不让背后支持自己的人失望，不让大家跟着自己白忙活。不管因为什么，创业者们都知道自个儿的努力和付出，直接关系到公司和自己的死活。

一旦你踏上了创业这条路，那就等于接了个沉重的担子。你要对自己的梦想负责，还要对投资者、团队成员、用户负责。这责任感沉甸甸的，让你没法儿松懈，每天都得顶着压力往前走。

所以，别看很多创业者表面上挺自由的，实际上，这自由背后是更大的责任和更高的自我要求。创业不光是把想法变成现实那么简单，它还是个持续高强度工作的过程。在这个过程中，怎么合理安排时间，怎么管住自己，那可是非常重要的。

有个穷人碰上了上帝，上帝好奇地问他："你为什么这么穷呢？"穷人回答："我没钱啊！"上帝说："那你要是有了钱，就能变富人了？"穷人信心满满地说："那当然，有钱了我就是富人了！"上帝一听，决定给这穷人100万英镑，还跟他说，要是五年后他能真正变成富人，就再给他100万英镑。

穷人拿到钱，第一件事就是去富人区买了套豪宅，又弄了辆豪车，还雇了佣人和厨师，过上了他心心念念的富人生活。他就等着五年后上帝的第二个百万英镑了，心想，自己已经是富人了，只要保持这种生活状态就行。

可是两年后，这穷人的百万英镑就被挥霍光了，连佣人和司机的工资都发不出来了。他们纷纷辞职走人。穷人没办法，只好卖了豪车车，换了辆便宜的车，用剩下的钱又雇了些人，继续装富人，出入高档娱乐场所。

又过了两年，高昂的生活费用再次让这穷人回到了起点。为了维持表面的富裕，他不得不卖了豪宅，住进酒店，还是一样挥霍无度。五年一转眼就过去了，穷人又站在了上帝面前，还是那副穷样。他向上帝忏悔："再给我100万英镑吧，这次我一定珍惜。"

上帝笑着摇了摇头："五年前我给你一百万英镑，告诉你如果你能变成富人，就再给你一百万英镑。可是你现在还是穷人，我为什么还要给你钱呢？"

辞职创业后，你的时间就像上帝赐予穷人的那100万英镑，你可以选择将它挥霍在无关紧要的事务上，也可以选择用它来打磨技能，积累经验，推动你的事业走向成功。要知道，时间是最公平的，它不会多给谁一秒，也不会少给谁一分。所以，你要像个精明的投资者，把这每一秒都用到刀刃上，才能让你的创业之路越走越宽，越走越远。

创业的时间自由，并不意味着可以懒散对待。它实际上是在考验你，如何在有限的时间里，最大化地利用每一分每一秒。刚开始创业的时候，你可能会发现，自己的日程表变得特别"灵活"——没有固定的上下班时间。一方面，这种自由确实让你能根据业务的需求和自己的状态，随时调整工作安排；但另一方面，怎么在这种自由中保持高效，就是个挑战了。

很多创业者都遇到过"事情多得数不清，时间却少得可怜"的尴尬情况。这时候，时间管理能力就成了决定你创业能不能成功的关键之一。你能不能在有限的时间里搞定那些重要的事情，能不能在压力山大的时候还保持高效运转，这些都直接关系到你的创业项目能不能快速推进，成功的可能性有多大。

所以，你要对每天的工作进行细细地规划，搞清楚哪些事情是重要的，哪些事情可以先放一放，然后合理分配时间。不管是开发新产品，和客户沟通，还是处理团队里的事情，所有的任务都得靠你自己去协调和安排。这可不简单，但要想创业成功，就要有做好时间管理的能力！

拥有自由时间的创业者，还必须具备如钢铁般的自制力。这种自制力不单单是说说而已，要实实在在地用起来，既要挡得住花花世界的诱惑，又要按住自己那颗躁动不安的心。要想在创业这条不归路上狂奔不止，你要给自己立个靶子，目标要清晰，然后一步一个脚印，按照计划往前走。别管是埋头搞产品，还是各处做推广，抑或是带团队闯天下，哪样都需要你瞪大眼睛，铆足了劲往前冲。碰到难题、挑战，能不能咬咬牙，把计划执行到底，不被那些一时的诱惑或者小挫折给带偏了，这也是创业成功的真功夫。

创业这条路，孤独和压力是标配，很多时候都要你自己扛，自己拿主意。自制力在这种时候就是救命稻草，没它，你很可能就被压力这座大山给压垮了，然后直接缴械投降。所以，要想在创业路上不趴下，就要不断增强自我约束力和意志力，这才是支撑你走到最后的硬核动力。

第三节　合伙人也可能是散伙人

从前有两个好兄弟，他们决定合伙开一家包子铺。两人各自出资5万元，因此在分配股权时，他们决定采取五五开的方式，每人持有50%的包子铺股份。分配完股权，两兄弟兴高采烈地开始了包子生意。

为了确保包子铺的顺利运作，两兄弟在一开始就进行了明确的分工。一个兄弟负责包子的生产，起早贪黑地在厨房忙碌；另一个兄弟则负责原料采购，四处与供应商打交道。他们勤勤恳恳地经营着包子铺，生意渐渐红火，很快就赚到了他们的第一桶金。

随着生意的壮大，原料供应商主动找上门来，愿意以更优惠的价格直接供应原料。这样一来，负责采购的兄弟工作量大大减少，他的日子也变得清闲了许多，每天他都在办公室里轻松地坐着，而负责生产的兄弟则依旧忙碌在厨房中。

渐渐地，整天在厨房忙碌的兄弟开始心生不满。他觉得自己承担了更多的工作，想要让负责采购的兄弟也参与到包子的生产中来。然而，由于两人持股比例相同，他无法强迫对方改变工作安排。最终，感到不公的兄弟决定退出包子铺。但当他们开始讨论如何分割包子铺的资产时，却发现彼此之间的意见难以达成一致，曾经的好兄弟也因此闹得不欢而散。

一个人的力量总有它的局限性，不管是资金、资源，还是人脉和经验，单打独斗的创业者往往要面对一座座难以攀登的高山。这时候，合伙创业就成为一个颇具吸引力的选择。不同背景和技能的人聚在一起，互相补充，共同分担创业的风雨，这样一来，市场的不确定性也就不那么可怕了。大家一起定战略，分工合作，资源用得恰到好处，创业的成功几率自然也就高了。

不过，别看合伙创业表面上光鲜亮丽，实际上，这里面的水可深了。合伙人之间的关系，利益的蛋糕怎么分，还有对公司未来发展的看法，这些都可能是藏在平静水面下的暗礁。要是处理不好，合伙创业这艘船，说不定就从梦想的港湾变成了冲突的漩涡。

就拿两个好兄弟合伙开包子铺这件事来说，一开始，两人各出五万，股权平分，一个负责做包子，一个负责买原料，合作顺畅，生意也是红红火火。可随着生意越做越大，问题就来了。一个人活儿越来越少，另一个人还是忙得团团转，心里能不憋屈吗？当忙的那个想多分出去一点活儿时，闲的那个却不愿意多干，结果，两兄弟闹得不愉快，生意也黄了。

所以说，合伙创业时，要把职责分得清清楚楚，利益怎么分、不合作了怎么办，这些都要提前说好。就算是亲兄弟，也要在合作之前把责任和期望摆到台面上来。这样，才能在创业的路上少走弯路，真正发挥出合伙的优势，一起朝着目标冲刺。

秦朝末年，天下大乱，农民起义的浪潮汹涌澎湃。在这风起云涌的反秦大军中，有两支队伍格外耀眼，一支是由刘邦率领的草根起义军，另一支则是由项羽领衔的贵族起义军。

从管理学的角度看，他们的反秦举动可以算作是在破除万难、艰苦创业。历史告诉我们，推翻秦王朝后，这两支创业团队展开了巅峰对决，最终刘邦团队笑到了最后，成功创立了大汉王朝，并让这份基业存续了四百多年。

为什么刘邦团队能够战胜项羽团队呢？从管理学的眼光来看，选对创业合伙人无疑是刘邦团队克敌制胜的关键。

刘邦的团队，简直就是一个完美的创业团队配置。他有战略顾问张良，为他出谋划策；有总经理萧何，管理内政，确保团队运转顺畅；有市场总监韩信，负责开拓疆域，打下一片片江山；还有专注营销的郦食其和陈平，他们擅长外交和宣传，为团队争取了更多的资源和支持。更不用说樊哙、周勃这些能干苦活累活的高级员工了，他们更是团队中的得力干将。拥有这些优秀的合伙人后，刘邦只需要在整体上把控好大局，在董事会议上分配工作就好了。

反观项羽这边，虽然楚霸王勇猛无比，能够身兼数职，但他的团队配置就显得有些逊色了。除了战略顾问范增还算称职外，团队核心项庄和项伯都显得有些力不从心。一个业务能力不足，一个商业头脑不够，都难当大任。这样看来，项羽团队的失败也就在所难免了。

在两支团队的多方对决中，虽然互有胜负，但显然刘邦团队的后劲更足。他们拥有明确的战略、得力的执行者和稳定的团队结构，这些都是他们最终击败项羽的重要原因。

我们现在生活的这个时代，信息爆炸，每个学科、每个知识领域都分得特别细，那种百科全书式的人物，少之又少。虽然有了智能机器，能够帮助我们迅速获得一大堆数据信息，但问题是，这堆信息真假难辨，想要找到可用信息，又要耗费许多精力。所以说，在这个时代，创业者想要成功，找对合伙人，那可是关键中的关键。

那什么样的合伙人才算是合适的呢？这个问题可没有标准答案，要创业者自己问，自己答。在问这个问题的时候，创业者要先想想，自己是什么样的创业者。想明白了这个，再根据"优势互补"的原则，就知道该找什么样的人合伙了。

当然了，找到合伙人只是第一步，为了避免合伙人最后变成散伙人，创业者从一开始就要做好充分准备。一方面，合伙协议要写得清清楚楚，各自的职责、利益怎么分、怎么决策，都要规定好。这样，以后就算有争议，也有个明确的依据来调解。另一方面，合伙人之间要定期沟通，确保大家的理念和目标始终在一条线上。最重要的是，合伙人之间要有共同的底线和原则，不管遇到什么困难和挑战，都要本着共赢的心态去解决问题。这样，合伙关系才能持续稳定，公司才能不断前行。有时候，找合伙人就像找伴侣，要志同道合，才能一起走过风风雨雨，迎来创业的春天。

第四节　风险更小的轻资产创业

在这个日新月异的时代，创业之路可谓是步步惊心，风险系数直线上升。经济环境的变幻莫测，让不少创业者如同行走在薄冰之上，一不小心就可能跌入失败的深渊。于是乎，轻资产创业逐渐成为众多创业者关注的焦点。

轻资产创业，核心就在于那个"轻"字。简单来说，就是要用更少的固定资产投入来启动和运营企业，更多地依赖个人的技能、知识、技术、创意以及社交资源来开展业务。现在常见的轻资产创业模式有互联网创业、知识付费、服务业创业、品牌孵化等，这些都不需要大规模的物理资产投入，更多的是利用信息、技术和平台。这样一来，风险就降低了，创业成功的可能性也就提高了。

写网文就是个很好的轻资产创业例子。只需要一台电脑和网络连接，你就能开始创作，并在各大网络文学平台上发表小说。无论你是全职作家还是兼职写手，都有可能通过这种方式获得收入。写作的成本很低，但收入却完全取决于你的作品受欢迎程度和平台的分成机制。相比之下，开一家实体店需要考虑场地租金、设备采购等很多因素，而写网文就没有这些负担。一旦作品受到欢迎，收益可能会远远超过预期。

与之相比，重资产创业那可就是另一番景象了。它需要大量的初始投资，来买设备、租场地、雇员工，这些实物资产就像是企业的"骨架"，支撑着整个企业的运营。但同时，这也大大增加了创业的财务负担，它会像一座大山，压得你喘不过气来。一旦市场出现风吹草动，消费者需求下降了，或者经营上出了点什么问题，那企业就要面临巨大的固定成本压力。这就像是一个无底洞，不断地吞噬着你的资金和精力。到最后，想要维持下去都难，甚至可能会走到破产的地步。

开奶茶店就是一个典型的重资产创业项目。即使你能避开加盟的坑，你还要自己租或买店铺，买制作设备，采购原材料，还要雇员工来打理店里的日常。再加上装修、宣传这些开销，初期投入简直就是天文数字。而且，奶茶店的位置、人流量、产品质量，这些都是决定生意好坏的关键因素。稍有不慎，就可能经营不善，收入连成本都覆盖不了，最后只能面临亏损，甚至关店的风险。

从前面的对比中，不难看出，轻资产创业的一个大优势，就是能大大降低初始投入，这样一来，财务风险也就跟着减少了。创业者不需要太多的资金就能启动业务，这样就算市场有点波动，损失也不会太大。而且，轻资产创业还特别灵活，就像是一只小船，在水里能轻松转弯。这意味着创业者能快速调整业务方向，一旦发现新的市场机会，就能立马抓住。还有，轻资产创业还能利用现有的资源和平台，快速进入市场，实现收入的增长。这就像是站在巨人的肩膀上，能看得更远，走得更稳。

所以，轻资产创业对于那些希望以小博大，以较小风险开始创业的人们来说，简直就是个理想的选择。下面这些是轻资产创业的常见方向，创业者可以根据自身专长进行选择。

一、自媒体内容创业

说起来，自媒体内容创业，可是轻资产创业里的一股热潮。随着社交媒体平台的遍地开花，每个人都能成为内容的创作者，发布文章、短视频，吸引粉丝和流量。说白了，自媒体创业就是靠内容吸引眼球，然后通过各种方式赚钱，比如广告、打赏、会员订阅等。

那些成功的自媒体创业者，他们都有自己的独到之处。有的是靠个性化的内容分享，有的就是靠个人魅力，总之只要能够吸引粉丝关注，就是优质内容（不违法违规）。那些美食博主、健身教练、财经分析师，很多都通过自媒体平台，分享自己的专业知识和生活体验，赚得盆满钵满。

所以，自媒体内容创业不仅仅是一种创业方式，更是一种个人品牌的打造。只要你有料，有魅力，有粉丝，你就能在这个舞台上大放异彩，实现自己的创业梦想。

二、在线知识付费创业

在线知识付费创业，是近几年火起来的一个轻资产创业项目。很多人都在通过这种方式，把自己的专业知识和经验变成实实在在的财富。

现在的人们都追求自我提升，都渴望学到更多的东西。所以，那些擅长编程、设计、市场营销，或者掌握某种特殊技能的人，就有了大展身手的机会。他们可以通过在线课程、电子书、网络直播等形式，把自己的知识和经验分享给全世界的人。

这种创业模式的成本特别低，你不需要租店面、买设备，只需要一个网络平台，就能把你的知识卖给全球的用户。这样一来，地域限制也就不存在了，你的市场一下子就变得无限大。只要你有真才实学，有分享的热情，就能在这里挖到属于自己的宝藏。

三、咨询服务创业

咨询服务创业，是轻资产创业中的红海。那些在某个行业里摸爬滚打多年，积累了丰富经验和专业知识的人，他们手里都握着这个"金饭碗"。提供咨询服务，就是他们把自己的专长和经验变现，赚取丰厚回报的绝佳方式。

现在的企业，哪个不需要外部的专家来帮帮忙，解决点问题，优化下流程，或者做个战略规划？这些都是咨询服务的用武之地。而那些自由职业者，他们就是通过接单、项目合作这些灵活多样的形式，把自己的专长变成实实在在的收入，实现收入的持续增长。只要你有真才实学，有解决问题的能力，就有可能在这个领域里大放异彩。

当然，轻资产创业也不是说就一帆风顺，没风险了。创业者还是要有敏锐的市场洞察力，捕捉到每一个机会。还要有强大的执行力，说干就干，不拖泥带水。持续学习的能力也不能少，毕竟时代在变，创业方向也要跟着变。

市场竞争那可是真刀真枪的，稍微一不留神，就可能被对手甩在后面，遭遇失败。但相较于传统的重资产创业，轻资产创业就像是给普通人开了一扇窗，让更多人有机会去实现自己的梦想。所以，只要你有梦想，有勇气，有执行力，就有可能在这片天地里闯出一番名堂！

第五节　事有对错，人没有

创业这条路，就是一场历练，一路上你要跟各式各样的难题过招，其中最让人头疼的，莫过于怎么管好人。

要想管理好内部员工，你要给自己立个规矩：对事不对人。意思就是，遇到问题，要盯着事儿本身去解决，别盯着人不放。为什么这么说？因为你追求的是创业成功，是要把创业路上的所有问题都解决，而不是要解决做事的员工，你的终极目的不是要员工承担责任，而是要他把事情做好。因此，你必须要有"对事不对人"的觉悟，把格局打开。

对内管理，要拎得清"事"和"人"的界限。员工工作上出了岔子，你要批评的是他们的行为，而不是他们这个人。为什么？因为批评行为，那是为了帮他们长记性，以后少犯错，提升工作效率；但要是你开始指责他们的人格，那可就伤了他们的自尊了，届时他们的矛盾和不满就会像野火一样，一不小心就能燎原了。

举个例子，假如你的销售团队里有个人，跟客户谈判的时候因为准备不充分，把订单给搞丢了。这时候，作为创业者，如果你还想留着他继续为你做事，那你要做的是指出他哪里做得不够，帮他找到改进的方法，而不是张口就来："你就是不够聪明"或者"销售这行你不适合"。前者能让员工心里明镜似的，知道自己哪儿做错了、哪儿需要改正；后者，那就是往人家心上扎刀子，他不仅不会长记性，而且还会长脾气。

管理团队，就是要懂人心，识人长。每个人都是独一无二的，工作方式和脑回路都不一样。有的人满脑子创意，有的人执行力极强，还有的人，沟通协调那是一绝。作为管理者，你要尊重这些差异，要把每个人的长处都用到刀刃上，这样才能让团队发挥出最大的能量。

理解个性差异，不仅是为了把任务分得更合理，更是为了避免因为误解而起的冲突。比如，有的人工作起来就像绣花一样，慢工出细活；有的人则追求效率，喜欢快节奏。你要是不懂这些，看到慢的就以为是"拖延"，那可就冤枉人了，说不定人家只是在追求更高的质量。

在团队管理中，你还要学会"恩威并施"，掌握好批评与表扬的火候。批评的时候要具体，要指出问题出在哪儿，还要给改进的建议。这样的批评，员工才能心悦诚服，知道自己哪儿需要改进，而不是被打击得信心全无。表扬也要及时、要真诚，最好能具体到某一项工作或任务上，让员工觉得自己的努力是真真切切被看到了，被认可了。

最关键的是，你要说话算话，不能给员工画大饼。承诺了的利益，无论如何都得给到位，宁可多给也不能少给。这是让利的艺术，也是拢住人心的诀窍。你让员工觉得跟着你有肉吃，他们才会死心塌地地跟着你干。

约瑟夫·贺希哈，一个从乞丐一路逆袭成了亿万富翁的传奇人物。他第一次赚到16.8万美元的时候，并没有急着把这笔钱全扔进他痴迷的股市里，而是想起了那些跟他一起摸爬滚打、患难与共的伙伴们。

他有个合作伙伴叫朱宾，开掘铀矿的大事儿就是朱宾全权负责的。相应的，约瑟夫事先答应了要给朱宾 1/10 的股票优先权。这一下子，朱宾这智慧的一挖，瞬间把自己变成百万富翁。约瑟夫也是高明，既让伙伴得了实惠，又绑定了团队的长期利益。

约瑟夫不光对重要的合作伙伴这么好，他对公司里的每一个员工也是关怀备至，就连那个开电梯的小伙子都没落下。那孩子家里很穷，妈妈还病着，那点微薄的薪水根本不够看病。约瑟夫知道后，二话不说，便决定长期资助这个家庭，帮他们渡过难关。而这一切，都被约瑟夫的员工们看在眼里。

真正的传奇企业家，不光是自己厉害，还得能让跟着他的人一起厉害，一起过好日子。约瑟夫就是这样的人，他懂得感恩，懂得分享，懂得运用他人的力量为自己谋利，所以他才能从乞丐一路走到亿万富翁的巅峰。

创业者们得向约瑟夫学学这一手，还要明白什么时候该放手让员工去干。刚开始创业时，很多人都喜欢什么事儿都自己上，生怕员工搞不定。但业务一做起来，这种什么都管的法子，不光自己累得慌，效率还低，员工也觉得被绑得死死的，一身本事施展不开。

所以，你学会转换思路，学会放权，员工能干什么，就让他干什么，给他足够的信任和权力。这样一来，你不光能少操点心，员工也能更主动地干活。信任，是管理的基石；授权，则是管理的延伸。你要先信任人家，再授权，这样团队成员才能觉得自己是真被当回事了，才会死心塌地地为公司目标拼命。

想要管好人，就要学会驭人之术，这可是门大学问：你要对事不对人，尊重每个人的个性差异，别一概而论；批评的时候，要具体，要让人心服口服；表扬的时候，要及时，要让人心里美滋滋的；信任和授权也很重要，你要让员工觉得，这事儿我能干，老板信得过我。

把这些都做到了，你就能更好地解决问题，还能让团队成员的积极性和创造力像火山一样爆发出来。这样一来，企业的长期成功，那就有了坚实的基石了。创业不易，但只要你掌握了驭人之术，就能在这条路上走得更顺利一些。

第八章

钱是赚出来的，也是省出来的

第一节 别只盯着"整存整取"

提到存钱,不少人往往抱着"等攒够多少钱再去银行存起来"的想法,结果攒来攒去总也攒不到那个存钱目标,转眼之间已到年底,回顾往昔,又是没存到钱的一年。其实,想要攒钱,不用局限于"整存整取"这种存钱模式,还有很多其他的方式。

一、零存整取:积少成多的智慧

零存整取是银行定期储蓄的一种形式,它要求储户每月固定存入一定金额,到期时一次性支取本金和利息。零存整取的利息跟年利率、存款期限和存款金额有关,如果想采取这种存钱方式,先比较一下各家银行,然后选择适合自己的就行。零存整取与"整存整取"相对应,不过零存整取更灵活一些,适用于想存钱,但初期资金量不大的个人或家庭。

徐莉是一名普通的上班族,每月扣除保险到手工资8000元。之前徐莉一直没攒下钱,今年她决定通过零存整取的方式来攒钱,争取五年内攒够20万元。

为了实现自己的目标,每个月工资刚发下来,徐莉就拿出2000元存入专门在银行开设的零存整取账户,强制自己养成每月存钱的习惯。之前,徐莉也想存钱,但每次刚攒一些就总会遇到各种需要花钱的事情,自从零存整取后,好像这种"必须花钱"的事情少了很多。

徐莉觉得仅依靠工资5年存不到20万元,于是又利用业余时间学习一项新技能,并找到一份兼职,每月额外增加了一些收入。徐莉将绝大部分兼职收入都存入零存整取账户。

自从定期存钱后,徐莉开始养成记账的习惯,并定期分析自己的支出情况,找出并减少一些不必要的开支。例如,减少外出就餐的次数,选择在家做饭;不再冲动消费,买东西也货比三家。

在徐莉的不懈努力下,还没到5年她就提前存够了20万元。不过,徐莉并没有放弃这种零存整取的存钱方式,她准备继续存钱。另外,她还想学习一些理财知识,利用手里的20万元去赚更多的钱。

不要小看零存整取这种存钱方式,虽然每次存钱不多,利息也不是很高,但只要持之以恒,也能积少成多,财产每增加一点,都离财务自由更近一步。最主要的是,通过定期定额存钱,不仅能养成存钱的好习惯,还能减少一些不必要的开支。存一段时间,等手里有了足够的本钱,就可以利用这些本钱去投资,赚取更多的钱。

二、国债:国家信用的背书

国债是国家为筹集资金而发行的债券,以其国家信用信用为担保,风险相对较低。国债,风险极低,几乎可视为无风险投资。通常国债的收益率高于银行存款,且部分产品支持提前赎回或转让,灵活性较高。不过,国债的发行数量有限,每家银行能分配到的额度也不是很高,所以很难买到。想购买国债,要注意国债的发行时间,时间一到赶紧去"抢"。对于追求稳定收益、风险承受能力较低的投资者而言,国债是理想的投资选择。

三、大额存单:高起步高利率

大额存单是银行存款的一种形式,通常起存金额较高(基本是20万起步),但相比普通定期存款,大额存单往往能享受更高的利率。部分银行的大额存单利率甚至能在央行基准利率基础上上浮40%-50%，达到较为可观的收益水平。大额存单不仅保本保息，还能提前锁定较长期限的收益，适合风险偏好较低、资金量较大的投资者。不过，今年来因为储户存款太多，大额存单的利率也不断降低。

四、货币市场基金：流动性与收益兼顾

货币市场基金主要投资于短期货币工具如国库券、商业票据、银行定期存单、政府短期债券、企业债券等短期有价证券，具有流动性好、风险低、收益稳定的特点。投资者可随时申购赎回，资金到账迅速，是现金管理工具的首选之一。尤其适合那些需要保持资金流动性的投资者，如企业短期闲置资金、个人紧急备用金等。

五、黄金与贵金属：避险资产的魅力

黄金及贵金属作为传统的避险资产，具有保值增值的功能。在经济不确定性增加或金融市场波动较大时，黄金往往成为投资者避险的首选。投资黄金可以通过实物黄金、黄金ETF、纸黄金等多种形式进行。虽然黄金价格受多种因素影响波动较大，但长期来看，其作为避险资产的价值不容忽视。

六、债券型基金：分散风险的稳健之选

债券型基金主要投资于各类债券，通过组合投资的方式分散风险，相较于单一债券，其风险更低，收益更为稳定。债券型基金还可根据市场情况灵活调整投资组合，以追求相对较高的收益。对于希望获得稳定回报，又不愿直接面对债券市场复杂性的投资者来说，债券型基金是一个不错的选择。

七、混合型基金：攻守兼备的平衡之道

混合型基金同时投资于股票、债券等多种资产类别，根据市场情况和基金合同约定的投资策略灵活调整资产配置比例，以实现风险与收益的平衡。对于既希望获得一定资本增值，又希望控制风险的投资者来说，混合型基金提供了一个相对稳健的投资选项。

八、指数基金定投：长期复利的魅力

指数基金定投是指定期定额投资跟踪某一特定市场指数的基金产品。通

过长期持有并定期定额投资，可以有效分散投资时点选择的风险，享受市场平均收益。指数基金管理费用低，透明度高，适合缺乏时间研究个股或市场趋势的投资者。长期来看，指数基金定投能够充分利用复利效应，实现财富的稳健增长。

九、银行理财产品：多样化的投资选择

随着金融市场的不断创新，银行理财产品日益丰富多样，从保本型到非保本型，从封闭式到开放式，从固定收益类到浮动收益类，应有尽有。银行理财产品通常由银行专业团队运作，投资于多种资产组合，旨在为客户提供多样化的投资选择和相对稳定的收益。投资者在选择银行理财产品时，应根据自身风险承受能力、资金流动性需求等因素综合考虑。

在理财的道路上，没有绝对的最佳策略，只有最适合自己的选择。投资者可以根据自己的财务状况、风险偏好和投资目标，构建多元化的投资组合，实现资产的稳健增长。记住，理财是一个长期的过程，需要耐心、智慧和坚持，如果你想早日实现财务自由，那就努力赚钱，然后让钱生钱，实现资本的增值。

第二节 会花钱，才更能赚钱

或许有人觉得，只有缩衣节食、吝于花费的人才能发财致富。但是，仔细观察周围的人，你会发现一个耐人寻味的现象：那些特别节俭，不喜欢花钱，只喜欢存钱的人，其积累的财富往往并不多；反而是那些会花钱的人，积累的财富比较可观。

为什么会花钱的人反而能赚到更多的钱？原因在于，那些懂得如何花钱的人深谙金钱的流动之道，知道金钱的本质在于流通，金钱只有流动起来，才能发挥其最大效用，创造出更多的财富。他们只是激活了金钱的本质，让金钱流动起来，并将金钱的价值巧妙转化为个人成长与能力提升的燃料，从而实现个人价值的飞越和财富的倍增。

会花钱，不是挥霍无度，也不是随意乱花钱，而是合理地消费与投资。会花钱的人在满足基本生活需求的同时，能够识别并投资于那些能够带来长远收益的领域——无论是个人成长、教育提升，还是人脉与社交。真正会花钱的人，懂得如何让每一分钱都成为实现梦想的阶梯。怎样才算会花钱呢？

一、投资自己：最明智的花钱方式

世界著名投资大师、华尔街的风云人物吉姆·罗杰斯说："我见过许多的人备受煎熬，只是因为他们没有弄清金钱和财富的基本原理。在最富足的投资中，最明智的投资是投资自己。"投资自己，可以从以下三方面入手：

教育与技能提升

在知识经济时代，教育与技能是个人最宝贵的资产。投资于自己的教育与技能提升，是回报率最高的投资之一。这包括但不限于参加专业培训课程、获取更高学历、学习新技能或兴趣爱好等。这些投资不仅能够提升个人在职场中的竞争力，增加收入，还能拓宽视野，激发创新思维，为未来的职业发展铺平道路。比如，一位程序员通过自学或参加高级编程课程，掌握了人工智能或大数据处理技能，后来跳槽到一家新公司，获得了更高的职位和薪资。

人脉与社交

人脉和社交，作为无形的宝藏，其价值难以用金钱去衡量，它们能为我们的带来更多机遇。有时，有效的人脉社交网络，甚至拥有改写整个家族命运轨迹的非凡力量。比如，世界著名的罗斯柴尔德家族，就是依靠其家族创始人梅耶·罗斯柴尔德构建的人脉社交网才崛起的。

梅耶明白，想要取得成功必须要建立一个强大的人脉社交网。经过一番分析，他确定黑森－卡塞尔的威廉王子就是他要找的重要人脉。为了能够跟威廉王子搭上关系，梅耶将自己收集的古钱币以极低的价格卖给跟威廉王子交往密切的一位上校。后来，在这位上校的引荐下，梅耶见到了威廉王子。

梅耶知道威廉王子是一个狂热的古钱币收藏者，所以一见面，就送给威廉王子一套极其罕见的古银币，赢得了威廉王子的好感。后来，梅耶又以极低的价钱卖给威廉王子一些稀有的古钱币、古勋章。这样，一直持续了四年。

不要以为梅耶这是在吃亏，其实他这是在投资。四年后，梅耶觉得时机成熟了，于是就给威廉王子写了一封信，说他想成为宫廷代理人。经过四年的接触，威廉王子觉得梅耶是一个值得信任的人，于是答应了梅耶的请求，授权其为宫廷代理人。

得到威廉王子的正式授权后，梅耶马上在自家寒碜的店门上钉上"王室供应商"的牌子，然后利用这个身份开启了家族腾飞之路，成为世界最富有的家族之一。

有了人脉，意味着有了更多的机遇。建立广泛而高质量的人脉网络，对于个人职业发展、商业合作乃至生活品质的提升都有着不可估量的价值。参加行业会议、加入专业社群、组织或参与社交活动，都是拓展人脉的有效途径。不过投资人脉时，要注意鉴别那些是有效人脉，那些是无效的，对于无效人脉还是不要浪费时间和金钱了。

健康投资

健康是人生的基石，没有了健康，一切都是空谈。因此，投资于健康同样是一种高明的花钱方式。这包括合理的饮食、定期的体检、适度的运动以及必要的医疗保健支出。通过保持身体健康，可以减少因疾病带来的经济损失，提高工作效率，更重要的是，能够享受更高质量的生活。

在这个日新月异的时代，知识的更新速度超乎想象，技能的迭代周期日益缩短，唯有不断投资于自己，才能确保在时代的洪流中屹立不倒，甚至乘风破浪。一个擅长投资自己的人，在机遇的浪潮汹涌而至时，能够自信满满地扬帆起航，而非因能力所限而望洋兴叹，错失良机。

二、理性消费：避免无谓浪费

在消费时，我们要注意区分"需要"与"想要"。需要是基本的生活或工作需求，是必须要花的；而想要则往往基于欲望或冲动，是可以不花的。消费的时候，我们要避免盲目跟风或冲动消费，通过制定预算、列出购物清单、比较价格等方式，有效控制消费欲望，避免无谓的浪费。

会花钱的人，每一次消费都是对未来的投资，都是在为未来财富的增长奠定坚实的基础。

第三节　做预算，让你更会省钱

谈到赚钱，很多人首先想到的是如何增加收入，如何投资赚钱，但很少有人意识到省钱同样是财富积累的重要途径。而在省钱这条道路上，做预算无疑是最有效的方式之一。

做预算，就是为你的收入和支出设定一个详细的计划。这个计划不仅能让你清楚地知道每一分钱都花在哪里，还能帮助你在消费前更理性地思考：这笔钱到底该不该花？通过预算，你可以提前为每一项开支设限，避免不必要的浪费，从而更有效地管理资金。

事实上，做预算不仅能省钱，它还能提高你的财务意识，帮助你在消费时做出更加理智的选择。通过有计划的消费习惯，你能逐渐摆脱"月光族"的困扰，积累更多的可支配收入。

一、收入预算

相比支出，收入通常比较稳定，但也需要进行详细分类和规划，以便更好地进行财务管理。清楚地了解收入来源不仅有助于优化财务规划，还能帮助你寻找新的收入增长点，确保在不确定的经济环境中，能够保持收入的稳定性和可持续性。

1. 每月固定收入

工资收入：大部分人的主要收入来源是工资，通常每月固定发放。固定工资可以说是家庭财务的基石，决定了生活的基本保障和消费能力。

投资收入：这部分收入主要指每月固定的收入来源，比如固定存款的利息收入或定期分红的基金收益。虽然这部分收入可能会相对较少，但因为稳定性强，所以也能为你的整体收入结构增添一些保障。

2. 每月非固定收入

兼职收入：主要是指做自由职业、临时工等兼职获得的收入，这些收入往往不固定，但可以在预算中设立一个保守估计值。它可以作为主收入的补充，增加你的财务弹性。

奖金或提成：部分行业会发放月度或季度奖金，或是销售提成，这些属于非固定收入，有时有，有时没有。虽然这部分收入无法完全预期，但也可以适当设定一个预估值。

其他收入：主要指出租房屋的租金、出售二手物品的收入等，这些收入不稳定，但也可以计入预算中，帮助平衡开支。在做预算时，这类收入往往会被忽略，但一旦实现，也是一笔可观的收益。

二、支出预算

支出是预算中需要控制的部分，每一笔支出都能清晰地反映出你的消费习惯和行为模式。有时候，你会在不经意间花费了大量的资金，比如冲动购物、频繁外出就餐或是高昂的娱乐开销，这些都可能成为不必要的财务负担。通过仔细分类和审视每一笔支出，可以逐渐剔除这些"隐形杀手"，优化你的消费结构。

1. 每月固定支出

房租或房贷：对于大多数人来说，房租或房贷是每月的主要固定支出，金额通常不会有太大变化。这类支出是家庭支出的核心，通常会占据收入的很大一部分。

水电气费：这类支出虽然每月可能有些波动，但总体上也属于固定支出。可以在预算中设定一个略高于实际平均值的金额，以避免突发的超支。合理控制这些费用，可以有效减少开支。

通信费用：主要是指手机、网络等费用。大部分人在签订套餐时已经锁定了这部分支出的金额。通信是现代生活的必需品，但通过选择合适的套餐，可以避免过度的支出。

保险费用：无论是医疗保险还是车辆保险，这些费用都属于固定支出，通常每月定期支付。保险支出虽不可避免，但却是保障生活稳定的重要手段，因此需要妥善规划。

2. 每月非固定支出

饮食开销：主要包括在家做饭的食材以及外出就餐的费用。这类支出通常有很大的弹性，预算可以做得稍微多一些，但也要适度。平时过日子精打细算、减少一些外出就餐，可以大幅降低这一部分的支出。

交通费：主要包括公共交通费用或汽油费，这部分支出可能会根据你每月的出行情况有所变化，但通常而言变化不会太大。通过合理安排出行和使用公共交通工具，可以有效控制交通支出。

娱乐支出：电影、聚会、旅行等都属于这类非固定支出，可以根据你此前的消费习惯来设定一个合适的预算。娱乐是生活的调剂品，但过度的娱

乐消费可能会对财务状况造成压力，因此，你需要尽量把预算做好，并将自己的娱乐支出控制在合理的预算之内。

购物开销：主要包括衣物、家居用品等，这类非固定支出容易因冲动消费而超支，所以设定一个合理的预算是很有必要的。购物需要理性，不急需的物品可以延后购买或选择更实惠的替代品。

做预算的过程不仅是管理每月的收支，更是一种理财思维的训练。根据收入设定支出预算时，你可以优先安排固定支出部分，如房租、贷款等必须支付的费用，然后再根据剩余的收入分配给可调整的非固定支出。在收入增长时，你可以将多余部分投入到储蓄或投资中，而非一味增加消费。当支出超出预期时，及时调整预算，削减非必要开销，确保整体财务状况的平衡。

随着生活情况的变化，你的预算需要进行定期优化调整。通过分析每个月的实际支出与预算之间的差异，你可以发现问题并作出相应调整，这样不仅能更好地控制支出，还能确保你在实现长期财务目标的过程中，稳步前行。

预算的核心就是规划和控制，通过持续的优化调整，你可以更有效地管理自己的财富，确保每一分钱都为你带来最大的价值。

第四节　便宜货也可能不便宜

近年来，低价商品对消费者的吸引力越来越强。消费者一看价格低，眼睛都亮了，觉得捡了大便宜，能省则省，二话不说便打开腰包、掏出钱，完成了交易。但这低价商品，买的时候是挺开心，可买回家之后，时间越长就越觉得不那么划算了。

一些消费者以为自己是精打细算的高手，结果，反而掉入到"低价陷阱"中，被商家耍得团团转。电商营销先涨价后打折，这一招早就引起了不少消费者的注意。可商家也是聪明，一看这招不灵了，马上就换新花样，开始搞定期打折，让消费者觉得时时有优惠，处处能省钱。结果，又有一批消费者掉入"低价陷阱"之中。

东京有一家西服店，店主是个营销高手，很擅长用心理战术，抓住顾客的预期和冲动。一次，他推出了一个十六天的递减折扣活动，从九折开始，一天天往下掉，直到最后两天，直接来个一折大放送。

刚开始那几天，店里非常冷清，消费者们都在心里盘算着："再等等，折扣还会更低。"可随着时间一天天过去，大家心里开始犯嘀咕了："再不下手，心仪的西服可就被别人抢走了！"就算他们现在并不是非要买西服不可，但这种"舍我其谁""不买吃亏"的心理还是让他们备受煎熬。

到了第五天，折扣降到了六折，消费者如潮水一般涌进西服店，生怕自己心仪的西服被别人捷足先登。依靠着这一打折策略，店主不仅迅速清空了库存，还让消费者们心甘情愿地掏了腰包，并觉得自己赚到了。这心理战术的运用，真是让人不得不佩服！

很多时候，消费者一看到低价折扣，就会本能地行动起来，而不是冷静下来，想想自己到底需不需要，再做决定。正是因为这种心理的驱动，导致很多消费者在那些看似划算的交易中，买到了便宜货，但却并没有省到钱。

为什么说"便宜货也可能不便宜"呢？一方面是因为，那些低价商品的质量，确实存在问题。有时商家为了追求高利润，在降低售价的同时，也会极力降低成本。成本低，那材料、工艺也就会跟着缩水，这样一来，东西坏得快，修修补补的，长期来看，消费者花在这件商品上的钱也就更多了。

另一方面是因为，一些低价商品用起来往往也是效率低下，各方面的消耗非常大。这种隐形的成本一天天的累积起来，最后消费者会发现，这件商品的总体拥有成本可是高得吓人。要知道，有些商品的真正成本，并不是你买的时候花了多少钱，而是要把它在你手中使用的成本一并计算在内。举例来说，一台五级能耗的空调，在售价上是远低于一级能耗的空调的，但如果你选择购买它，并经常在家中使用，那夏天一来，电费账单上的数字可是会让你看得心惊肉跳的。

所以说，在购物的时候，还要多留个心眼，把注意力放在商品的性价比上，别因为一时觉得"便宜"就买了，结果到头来，花的钱更多。这种购买策略，能让你少花冤枉钱，还能确保你买的东西真是家里需要的。长远来看，这么买，其实才是最"便宜"的。

性价比是个经济学里的术语，简单来说就是看看你买的东西，价格和质量、性能是不是匹配。性价比高，就是说你花的钱挺值，东西又好又实用；性价比低，就是说你花的钱不值，东西不怎么样。所以，明白性价比的重要性，买东西的时候才能更精明，特别是手里钱不多的时候。

在考虑商品性价比时，可以从以下几个方面去衡量：

1. 质量与耐用性

高性价比的商品通常具有良好的质量和耐用性，可以承受长期使用而不易损坏。这种商品虽然初期价格可能较高，但长远看能减少维修和更换的频率和成本。

2. 实用性与功能性

一个功能全面，能满足多种需求的产品，即使价格较高，也可能因其提供更多的便利或效率而具有较高的性价比。所以，在衡量商品性价比时，也可以从这两方面入手。

3. 售后服务与保修条款

有时候，优质的客户服务和保修条款也可以提升商品的性价比。拥有完善售后服务体系的商品，在出现问题时可以降低额外的维修成本，节省后续资金支出。

总的来说，评估商品的性价比时，要考虑商品的全生命周期成本，即购买成本、运行成本、维护成本和最终的处置或回收成本。通过上述方面的综合评估，便可以更准确地判断商品的性价比，从而做出更合理的购买决定，避免因初始价格低廉而购买到长期成本高昂的产品。

第五节　闲置物品，放错地方的财富

如今，几乎每个家庭的角落里都藏着一些"沉睡"的宝藏——旧书籍、不再合身的衣物、过时的电子设备，它们或是被遗忘在储物间的深处，或是静静地躺在书架的最高层，时间一长，就成了蒙尘的记忆。可你知道吗？这些看似无用的闲置物品，其实是放错了地方的"潜力股"。

为什么家里会有这么多"闲置大军"呢？冲动购物一时爽，季节变换衣橱慌。生活方式一变，有些东西就要跟着"下岗"，还有科技飞速发展，让昨天的高科技转眼成了淘汰品。这不，电纸书一流行，纸质书就成了摆设；季节一更替，衣柜里就总有几件衣服得"休假"。

这些闲置宝贝要是简单地往网上一挂，或是直接送进废品站，那可真是暴殄天物了。网上卖？竞争对手一大堆，价格战一打，赚不了多少钱还心累。废品站？更是亏得慌，那点回收价，连买杯咖啡都不够提神。

所以，要想让这些闲置物品焕发新生，变成实实在在的"财富"，还得动动脑子，找点创意办法。别让它们就这么默默无闻地"退休"，而是要让它们换个舞台，继续发光发热。

1974年，美国政府手头有个烫手山芋——自由女神像翻新工程攒下的一大堆废料——铜块、螺丝、木材什么的都堆在女神像下面。纽约地区的垃圾处理规定很严格，所以美国政府多次对外招标这份垃圾处理工作，都没有人敢接。

这时候，一个正在法国旅行的年轻美国人听说了这件事，马上买了机票飞回纽约，亲自查看了这些废料。他知道这活儿不好干，可还是当场就把合同给签了。周围人一看，这不是拿钱往水里扔嘛，说不定还得摊上法律纠纷。

可这位年轻人，心里早已有了计划。他拉了一支队伍，开始对这堆废料进行处理。他先是把废铜熔了，做成迷你版的自由女神像，还拿回收的木料做了个底座，配成一套。更绝的是，他把回收的铅和铝，制成了有纪念意义的纽约广场钥匙。就连清理女神像时飘下来的那点灰尘，他都没放过，收起来包装得漂漂亮亮的，卖给花店当肥料去了。就这么着，短短三个月，这个年轻人把别人眼里的破烂，变成了350万美元的现金。

就连那些看似最不起眼的废铜烂铁、点点灰尘，只要动动脑筋，找准市场定位，也能摇身一变，成为赚钱的好东西。如此来看，那些原本躺在角落里无人问津的破烂玩意儿，经过一番改造再利用，也能变成有用的商品，甚至是艺术品，价值翻倍都不止。这便是"变废为宝"的价值。

旧衣服穿腻了？改改，就能变成手工艺品、实用的袋子，或是给家里添点风味的装饰品。废旧电子产品，别急着扔，拆开来，零件说不定能用在其他电子项目上，或者拼拼凑凑，就是个有特色的艺术装置了。旧家具也是，翻新一下，换个颜色，立马就能跟上现代人的审美，甚至还能卖个好价钱。

"变废为宝"的关键，就在于创意要跟市场需求对得上。你要研究研究现在市场上流行什么，消费者们都喜欢什么，然后才能找到合适的改造方案，让这些闲置的东西在新环境里大放异彩。这样一来，不仅赚到了钱，还促进了资源的循环利用。既实用又环保，还符合可持续发展的原则，真是值得每个人都去琢磨琢磨，动手试试。

　　当然，如果觉得自己没有"变废为宝"的巧手，那也不必强求。除了动手改造，利用信息差在二手市场里"捞金"也是个不错的选择。前面提到，信息差就是买卖双方心里那杆秤不一样，对同一个东西的了解和看法有差别。在二手市场，这种信息不对称的情况并不少见。卖家可能压根儿不知道手里的宝贝有多值钱，买家也可能对某些东西的市场行情一头雾水。这时候，你这位"中间商"就可以登场了，找找那些被低估的宝贝，再搭搭人脉，利用信息差，二手市场也能成你的摇钱树。

　　想在二手市场淘到金，关键得对某类商品有深入的了解。根据自己的专长兴趣，你要努力成为古董、书籍、电子产品或艺术品的行家里手，知道它们的历史、稀缺度和市场需求。常去线上线下的二手市场逛逛，练就一双火眼金睛，一眼就能看出哪些东西的价格被低估了。低价买进，等市场价格上涨了再出手，利润就这么轻轻松松到手了。

　　在二手市场中，人脉广了路才好走。你要跟同行处好关系，也要跟卖家多套近乎。多逛逛论坛、微博、小红书，加些专业社群，说不定什么时候，你就能从这些渠道里找到被低估的宝贝，或者急需出手时找到买家。要记住，在这个圈子里，信誉比金子还贵。

　　要想让闲置物品，真正变成看得见的财富，不能按部就班地走变卖废品的老路，要多开动脑筋，让闲置物品增值，也让自己的财富随之提升。

第九章

风险管理,看好你的钱袋子

第一节　以贷养贷，赌上的是你的人生

随着消费主义的盛行，有些人追求即时满足的欢愉，开始"提前消费"，将享受与快乐提前兑现于当下。他们在享受消费带来的即时快感时，不自觉地让自己陷入了财务危机。有些人为了解决眼前的财务危机，开始了"以贷养贷"。

"以贷养贷"，就是通过借新债来偿还旧债。可能刚开始借钱，只是因为一次紧急的资金需求。比如：自己或家人突然生病住院，但钱不够，或者急需支付一笔教育费用，又或是创业初期资金不够等。在正规渠道无法迅速获得足够资金的情况下，有些人选择了贷款这一快捷方式。然而，当还款压力超出个人承受能力时，为了避免逾期带来的信用污点和更高的罚息，有些人不得不再次寻求贷款，如此循环往复，最终坠入债务的深渊，赌上了自己的一生。

曹轩大学毕业后，没有去打工，而是决定创办一家自己的科技公司。曹轩的产品很好，只是没有足够的启动资金和市场推广的费用。为了实现自己的梦想，曹轩开始积极参加创业路演，一遍一遍向投资人阐述自己的愿景和计划，但得到的只是委婉的拒绝或是冷漠的回应。

一次次的失败，让曹轩决定不再求人投资，而是自己贷款创业。曹轩利用自己的信用记录，从银行申请了一笔创业贷款作为项目的启动资金。刚开始，公司是朝着好的方向发展的，创业团队夜以继日地工作，产品逐渐成型，并吸引了一批早期的用户。

但好景不长，随着项目的不断推进，资金需求也越来越大。市场推广、服务器升级、人员扩招……每一项都需要大量的资金投入。这时，曹轩的创业贷款已经快花完了。为了维持项目的正常运转，曹轩开始向身边的亲朋好友借款，接着开始申请多张信用卡透支，甚至开始在一些高利贷平台上借款。

每天，曹轩醒来第一件事就是计算今天要还多少钱，下个月还有多少债务需要偿还。为了偿还债务，他不得不将更多的精力放在筹钱上，忽略了对产品的研究，导致公司产品的质量严重下滑，用户体验变差，用户开始流失。

这时，曹轩才发现自己已经陷入了一个恶性循环。为了偿还旧债，他不得不借更多的新债；而新债的利息又让他背负了更重的负担。他的信用记录开始恶化，银行和金融机构纷纷拒绝了他的贷款申请。他不得不向更加高风险的借贷渠道求助，最终陷入了高利贷的泥潭。

最终，曹轩的公司因资金链断裂而宣告破产。因无力偿还巨额的债务，曹轩还被法院列为失信被执行人。那些曾经支持他的亲朋好友也对他感到失望和无奈。他的信用彻底崩溃，人生陷入了低谷。

看起来"以贷养贷"是一种解决资金问题的快捷方式，但实际上却是一条通往深渊的不归路。它不仅会让人们失去对金钱的掌控力还会对个人的经济、信用、法律、心理等方面造成严重的损害。

经济压力剧增：随着借款额度的持续增加，还款压力也越来越大。有些人因为借款太多，已经无法从正规渠道借到钱，只能从一些非正规借贷市场寻求资金援助，这背后往往隐藏着高额的利息和复杂的费用结构，稍有不慎便会陷入财务泥潭。

信用受损：一旦无法按时还款，个人的信用记录将受到严重损害。这不仅会影响以后申请贷款、信用卡等金融服务，还可能影响到生活的方方面面。要知道，在信用社会，信用受损几乎等同于失去了社会的信任和支持。

法律风险：当债务累积到一定程度时，债权人可能会采取法律手段追讨债务。这不仅会让欠款人面临诉讼风险，还可能导致财产被查封、拍卖等严重后果。此外，一些非法的高利贷、套路贷等更是让借款人雪上加霜，陷入更深的困境。

心理压力与精神负担：长期的债务压力会让借款人感到焦虑、沮丧甚至绝望。他们可能会陷入自责、逃避等负面情绪中无法自拔，严重时甚至会引发心理疾病。

"以贷养贷"非常危险。如果已经陷入了"以贷养贷"的困境，该如何自救？

一、不要逃避或拖延，请立即停止这种行为

你要明白，如果不立即停止这种行为，继续借款的话，你的债务只会像滚雪球一样越滚越大，直到把你彻底压垮。最明智的做法，就是马上停止"以贷养贷"的行为，让债务不再继续扩大。

二、盘点自己的借款，并制定切实可行的还款计划

将自己的全部债务盘点一遍，整理一份详细的负债清单。然后将自己的债务按照利息高低、逾期罚息的严重程度将债务排个序，将那些利息高、逾期罚息多的放在还款的首位。然后制定一个合理的详细的还款计划。

三、跟家人、朋友坦白

将自己的情况跟家人、朋友说清楚，争取得到他们经济或精神上的帮助，不要试图自己承担压力。有了家人和朋友的支持和理解，才能渡过这场危机。

四、增加收入来源

除了当前的工作外，尽量去寻找一些兼职，以增加收入，缓解还款的压力。

五、与贷款机构进行协商

试着与贷款机构协商一下，看看能不能改改还款方式或期限，能否减免一些利息和罚金。

六、寻求专业人士或机构帮忙

如果自己已经无法解决，那就寻找专业人士或机构，他们会根据你的具体情况，给出解决方案。如果遇到一些暴力催债等不法行为，可以立即报警并寻求法律的援助。

常言道，"你永远无法赚取认知以外的钱"。其实，债务也是这样，当你具备了驾驭债务的能力和智慧时，它不仅不是你的负担，反而能帮助你获取更多的资源和财富。然而，如果你没有驾驭债务的能力，它就会像脱缰的野马，将你带入债务的深渊，直到毁掉你的一切。

因此，我们需要不断提升自己的认知水平，不步入"以贷养贷"的陷阱。为了避免陷入"以贷养贷"的泥潭，一定要树立正确的消费观，根据自己的经济能力和实际需求来制定消费计划避免盲目跟风、冲动消费。同时要学会储蓄和理财规划为未来可能出现的风险做好准备。

第二节　警惕暴利，天上不会掉馅饼

估计很多人都做过一夜暴富的美梦。可能无数次幻想，通过一张彩票走上人生巅峰；或者找到传说中的暴利产品，从此过上梦寐以求的生活。只是，在幻想的时候，不要忘记那句古训"天上不会掉馅饼"。如果真的被

"馅饼"砸中，一定要保持理智，问问自己到底做了什么？付出了哪些努力，以至于得到老天爷如此眷顾？

一天下午，张扬正无聊地翻看朋友圈，突然被朋友圈的一则动态所吸引。那是某个平台的理财收益截图，通过截图可以看到每天收益特别高。那个朋友，张扬不是很熟悉，也忘记在哪儿添加的。

抱着好奇的心态，张扬点开了那个朋友的朋友圈，发现那个朋友每天都在分享他的投资成果。张扬估算了一下，那个朋友每个月仅投资就收入10万元以上。

看着那个朋友每天过着有钱有闲的日子，张扬忍不住发信息问他投资的是什么项目。朋友告诉张扬，他这个项目风险低、回报高，平台稳定可靠，还给张扬看了一些看起来很稳妥的保障机制。

得知张扬也想尝试一下后，那个朋友还好心告诉他，不要着急，让他一开始少投资一些，考察一下，等觉得没问题后再多投资。张扬听后，觉得这个朋友人还挺不错的，于是先投资了一点钱，没想到收益不仅稳，还很高，每次提现也都很顺利。

经过一段时间的尝试，张扬不再小打小闹，开始不断追加投资。在贪婪和欲望的驱使下，张扬不仅拿出自己多年的积蓄，还向银行贷款，然后将所有资金都投入朋友介绍的那个项目。

然后，好景不长。就在张扬畅想实现财务自由后要做哪些事情时，投资平台突然无法登陆了。张扬忙去问那个朋友怎么回事，却发现那个朋友已经消失得无影无踪了，直到这时张扬才如梦初醒，原来自己被骗了。

在这个信息爆炸的时代，各种快速致富的故事和诱人的投资机会如同潮水般涌来，不断刺激人们内心深处对财富的欲望。有些不法分子，利用投资者的贪婪和侥幸心理，编织起一个个看似光鲜亮丽的陷阱。通过精心包装的宣传材料、夸大其词的收益承诺，甚至是伪造的成功案例，营造出一种"只要跟随我，就能轻松实现财富自由"的假象，引诱投资者去投资。如果投资者不幸落入其中，最终是"竹篮打水一场空"的悲惨结局。

因此，在追逐财富梦想的道路上，一定要保持理性思考，审慎甄别信息，远离那些不切实际的诱惑，尤其是警惕那些暴利产品。要知道，"天上不会掉馅饼"，高收益意味着高风险，暴利背后往往不是"馅饼"而是陷阱。

许多暴利项目往往与非法集资、金融诈骗紧密相连。这些项目通常以高额回报为诱饵，吸引投资者投入大量资金。当资金达到一定规模后，项目方会突然消失，携款潜逃，留下投资者面对血本无归的残酷现实。

为了吸引更多人参与集资，非法集资者通常许诺投资者，如果能介绍人来投资，则会给予一定的奖励。为了骗取更多的钱，非法集资者一开始时会按时兑现投资回报，等达到一定规模后，便携款潜逃。

为了让投资项目看起来更真实，非法集资者会编造一些虚假合同，比如：种植冬虫夏草、养殖梅花鹿、开发新技术产品、植树造林、集资建房等；有的则用一些"高大上"的新名字来迷惑投资者，比如：电子黄金、网络炒汇等；有的利用实体店面或名人效应，骗取投资者的信任，比如成立公司、租赁豪华写字楼、请名人做广告等；有些利用网络实施不法行为，比如通过一些网站、论坛、即时通信工具等；还有的利用人们对亲朋好友的信任去诈骗，利用亲戚、朋友、同乡等关系，以高额利息诱惑，实施不法行为。

如果有人告诉有以下"投资理财"项目，请务必保持高度警惕，以免落入陷阱：

1. 警惕"看广告、赚外快"与"消费返利"陷阱：这类模式往往以轻松赚取额外收入为诱饵，实则可能隐藏非法集资或欺诈风险。

2. 谨慎对待境外投资诱惑：涉及境外股权、期权、外汇、贵金属等高风险投资，需仔细甄别平台合法性，避免资金跨境流动带来的不可控风险。

3. 警惕养老投资高回报承诺：声称投资养老产业可获高额回报或承诺"免费"养老服务的项目，往往存在夸大宣传，需理性评估其可持续性。

4. 未注册登记的私募与合伙投资：任何以私募入股、合伙办企业为名，却拒绝办理企业工商注册登记的行为，均属非法，切勿轻信。

5. 虚拟货币与区块链投资需谨慎：这类新兴投资领域，通常具有高度投机性与监管空白，投资者应充分了解风险，避免盲目跟风。

6. 警惕公益慈善名义下的非法集资：以"扶贫""慈善""互助"等为幌子的项目，可能掩盖着非法集资的真实目的，应提高警惕。

7. 街头与商超广告的甄别：对于在公共场所随意散发的投资理财广告，要保持警惕，勿轻易相信其宣传内容。

8. 针对老年群体的特殊防范：警惕以组织考察、旅游、讲座等形式，专门针对老年群体进行的投资理财推介活动，以防上当受骗。

9. 境外运营的投资理财机构：对于注册地或服务器位于境外的"投资""理财"公司、网站，其监管难度加大，风险系数增高，投资前应三思而后行。

10. 现金交易与个人/境外账户转账：任何要求以现金方式或直接向个人账户、境外账户交纳投资款的行为，均可能涉及洗钱或其他非法活动，务必拒绝并立即报警。

当面对那些看似唾手可得的暴利产品时，不妨先问自己几个问题：这个投资项目的盈利模式是否合理？它是否有着稳固的市场基础和可持续发展的潜力？自己是否有足够的了解和准备来应对可能的风险和挑战？如果答案是否定的，那么就果断停止，避免自己成为下一个被"馅饼"砸中的受害者。

每个人都有追求财富和成功的权利和梦想，但我们必须以正确的态度和方式去实现它们。不要寄希望于虚无缥缈的幸运和一夜暴富的神话，而是依靠自己的勤奋、智慧和坚持去创造属于自己的财富和成功。只有这样，我们才能在人生的道路上走得更远、更稳、更精彩。

第三节　网上赚钱，小心诈骗新花招

随着互联网技术的快速发展，网络已经成为人们生活中不可或缺的一部分。在这个数字化的时代，人们不仅通过网络进行工作、学习、娱乐，甚至还通过网络赚钱。然而，人们在享受网络带来便利的同时，也承受着网络诈骗所带来的风险。

近年来，伴随网络技术的发展，诈骗手段也不断翻新，导致许多满怀希望投身网络赚钱大潮的人们，在追求财富的道路上，一不小心就落入骗子精心布置的陷阱，最后不仅没赚到钱，反而还将自己辛苦挣到的钱拱手"送"给了骗子。

因此，在探索网络赚钱的过程中，要坚持自己的原则和底线，不要被一时的贪婪或轻信蒙蔽了双眼，忽视了潜藏的风险与陷阱。此外，还要提高自我防范意识，学会识别并应对各种新型诈骗手段，不给骗子任何可乘之机。

这里总结了几类新型网络诈骗，以供参考：

一、"共享屏幕"类诈骗

一天，吴昊接到一个自称为某快递公司客服人员的电话。对方询问他是不是某天买过某件东西，还准确说出他的快递单号，然后告诉他，这个包裹不幸丢失了，并告知他依据公司政策可给予一定的赔偿。为了顺利获得赔偿，"客服"人员让吴昊添加了他的微信，并给吴昊发送了一个看起来非常正规的链接，让吴昊将自己的个人信息和银行卡信息填写完整。

吴昊没有多想，点击对方的链接并认真填写了相关的信息。然后，刚填完不久，吴昊就发现自己银行卡里的钱被莫名其妙地转走了。

诈骗手法

不法分子通常直接发送短信或拨打电话，告诉消费者：可以免费提升信用卡额度；您是今天的幸运儿，可以免费领取一份尊享礼品；可以帮您无忧注销保险服务；可以帮您消除名下一些不实的贷款记录；您的航班有延误，可以帮您领取补偿退费；您的快递丢失了，可以申请理赔等。

当消费者询问具体怎么办理时，不法分子便乘机诱导消费者下载他们的聊天软件、网络视频会议软件等。通常这些软件的操作非常复杂，很多人不知道怎么办理，这时不法分子就让你开启软件里的共享屏幕功能，说他们帮助你办理。

其实，这是不法分子的一种诈骗手段。他们通过共享屏幕，实时监控你的手机、电脑屏幕，以便"指导"你绑定银行卡、修改密码。在你刚完成这些操作，不法分子就同时获取了你的银行账户、密码、验证码等重要信息，很快将你卡里的资金转入他们的账户。

预防措施

1. 不开启共享屏幕功能：除非在完全信任的环境下，否则不要随意开启任何软件的共享屏幕功能，不要让无关人员操作自己的手机、电脑等电子设备，以防个人信息被实时监控，造成经济损失。

2. 不随意下载不明软件：不随意点击不明链接，不下载来源不明的陌生软件、网络视频会议等，避免个人信息被恶意软件窃取。

3. 谨慎对待不明来源的信息：保管好自己的身份证、银行卡、生物识别等信息，不将自己的账户密码、验证码等信息告诉他人，如果突然收到涉及个人信息、资金安全的短信或电话，要保持高度警惕，不轻易相信。

4. 核实信息来源：不要轻易相信别人的信息，在采取行动之前，务必通过官方渠道（如银行官网、客服电话、保险公司官方渠道等）核实信息的真实性。

5. 保留证据并及时报警：一旦发现可能遭遇诈骗，应立即保留相关证据，如短信、电话记录、聊天记录、交易截屏等，并第一时间向当地公安机关报案，或直接拨打110，提供详细情况和证据，以便警方调查处理。同时，不要相信网络上的什么"网警""黑客"，以免再次受骗。

二、"AI换脸拟声"类诈骗

诈骗手法

狡猾的不法分子，通常以高薪招聘网店客服、招聘兼职、营销推广，或者以婚恋交友等为借口，巧妙地利用社交软件，或电话等通讯渠道联系消费者，引导消费者做一些特定的动作，趁机采集消费者的声音样本、常用语句或者面部特性。

然后，利用"AI换脸""拟声"等先进技术，合成足以以假乱真的虚假音频、视频或图像。接着，不法分子利用合成的音频、视频或图像，骗取消费者亲朋好友的信任。取得信任后，不法分子便以诸如借钱应急，自己或家人出事了，需要紧急救援，或者现在有个诱人的投资项目等各种理由，诱导消费者的亲朋好友进行转账汇款，骗取他们的钱财。

此外，不法分子有可能还会通过AI技术合成明星、专家、执法人员等的音频或视频，伪造出权威的假象，然后利用这些权威人士的身份散布虚假消息，进行诈骗。

预防措施

1. 不轻信"熟人"：涉及转账、汇款等敏感操作时，即使对方声称是亲朋好友或熟人，也要通过其他方式验证其身份，避免被"AI换脸拟声"技术欺骗。

2. 警惕陌生信息：对于通过微信、电话等渠道接收到的陌生信息，特别是涉及资金往来、个人信息提供等敏感内容，要保持高度警惕，不贸然向陌生人转账汇款，转账汇款前一定要核实对方身份信息。

3.谨慎分享信息：不在互联网上随意分享个人照片、声音、视频等敏感信息，特别是不要将这些信息存储在易被黑客攻击的设备或平台上。

4.安装防骗软件：在手机上安装防骗软件或安全应用，及时识别和拦截诈骗电话和短信。

三、网络游戏产品虚假交易类诈骗

诈骗手法

这类诈骗，不法分子通常会在网络游戏世界或社交平台中发布大量虚假的游戏账号、珍稀装备以及点卡买卖等信息，然后以"超低价秒杀"，或者"高价收购"为噱头，吸引游戏玩家的目光。

如果有玩家对他们的信息感兴趣，想低价购买他们的产品，这些不法分子会引导消费者绕过官方认证的安全交易平台，进行私下交易。一旦玩家轻信他们，付款后，不法分子便消失得无影无踪。

对于那些想高价出售自己游戏产品的玩家，不法分子则会诱骗玩家去一个虚假的交易网站进行交易。当游戏玩家登录后，不法分子会编造出各种理由，诸如"安全验证""提现手续费"等，让游戏玩家支付保证金，或手续费等费用。更有甚者，还会编造理由让游戏玩家不断充值，直到榨干游戏玩家最后的资金才罢手，然后迅速转移资金。

预防措施

1.警惕陌生信息：对于在游戏中或社交平台上收到的陌生交易信息，尤其是那些声称有"超值优惠"或"高价收购"的信息，要保持高度警惕。

2.选择官方平台交易：尽量在官方授权的游戏交易平台或官方指定的渠道进行游戏账号、装备、点卡等产品的交易。这些平台通常具有更严格的监管和保障措施，能够有效降低诈骗风险。

3.避免私下交易：不要轻易相信陌生人的私下交易邀请，避免绕过官方平台进行交易。私下交易不仅存在较高的诈骗风险，而且一旦发生纠纷，往往难以维权。

4. 使用官方验证工具：部分游戏平台提供了官方验证工具或服务，可以通过这些工具来验证交易对象的身份和资质，交易前，尽量查看对方信誉评价、历史交易记录等信息，以评估其可靠性。

以上几类诈骗只是网络诈骗的冰山一角，新的诈骗手法也层出不穷，令人防不胜防。因此，在网上赚钱的同时，必须保持高度警惕，不盲目不轻信，不贪小利防被骗。

第四节 加盟背后的陷阱

在创业热潮中，加盟作为一种快速进入市场、降低创业风险的模式，吸引了无数创业者的目光。创业者通过直接加盟一个已经成熟的品牌，可以少走很多弯路，不仅省去了从零开始塑造品牌形象的漫长历程和重重挑战，还能轻松拥有一套完善且经过市场验证的运营体系，让创业之路更加顺畅和高效。

然而，加盟并不是一片坦途，背后布满了不为人知的陷阱。创业者在选择加盟这一捷径时，一定要慎之又慎，不要被表面的光鲜和诱人的承诺蒙蔽了双眼，也不要因为急于求成忽略了背后潜在的风险和隐患。

张兰兰在职场打拼几年后，萌生了自己开一家零食店的想法。因为没经验，张兰兰选择了加盟模式，她从网上找了一家自诩为国内四大折扣仓品牌之一的连锁店，希望借助该品牌的影响力与市场经验，为自己的创业之路保驾护航。

这家品牌店的招商人员很热情。他不仅承诺提供全方位的支持，包括免费店铺选址、运营指导以及商品陈列培训等，还说只要投资8万元左右就可以将店铺开起来，这很符合张兰兰的心理预算。招商人员还告诉张兰兰，只要她现在缴纳加盟费，就能获取价值2万元的货品赠送，还有1万元的开业大礼包。在招商人员的一再保证下，张兰兰信心满满地缴纳了加盟费。

只是，让张兰兰没想到的是，虽然加盟品牌的商品定价不高，但货架、收银机、物流费、送货费都很贵，说好的赠送，其实要付很大一笔运输费，最后张兰兰前后投资了20多万元才将店铺开起来。

更令人沮丧的是，"免费运营指导""商品陈列培训"根本形同虚设，只给她发来一些视频资料，让她自己看。所谓的"免费选址"更是敷衍，他们没有做任何调查，就让张兰兰将她的零食店开在一个老年人居多的小区，导致她的零食根本卖不动，每天营业额平均只有一百多元，连房租都不够，更别说盈利和回本了。看到堆积如山的库存，张兰兰真是欲哭无泪。

虽然加盟模式有很大的优势，如品牌效应、成熟经营模式及供应链支持等，但也暗藏很多不容忽视的风险。因此，创业者在加盟之前，一定要做好市场调研，提前识别并规避一些潜在风险，为未来创业成功打下坚实的基础。

以下将加盟过程中一些常见的陷阱整理出来，旨在帮助创业者在加盟过程中规避风险，稳健前行：

一、低加盟费骗局

陷阱描述：一些加盟公司以极低的加盟费或直接不要加盟费为诱饵，吸引创业者加盟。当创业者签订合同之后，这些公司会以各种名义要求创业者购买他们的高价设备、原材料或支付其他额外费用，比如物流费、配送费等，导致实际投资成本远高于预期。

防范建议：在加盟前，创业者应详细询问并了解所有可能产生的费用，并要求加盟公司提供明确的费用清单。同时，要警惕那些以低加盟费为噱头的公司，多进行市场调研和比较，避免陷入"低价陷阱"。

二、返还加盟费骗局

陷阱描述：有些加盟公司承诺在一定条件下返还加盟费，以此来吸引创业者。不过，这些条件往往很难达成。比如，有的公司要求创业者达到一定的进货量或销售额才返还加盟费，但创业者可能还没达到这个销售额，就开不下去了。

防范建议：创业者签订合同时，要仔细阅读合同条款，了解返还加盟费的具体条件和要求。同时，保持理性思考，预估一下自己能否完成，还有不要轻信任何口头承诺，那是没有法律效力的。

三、虚假宣传

陷阱描述：一些加盟连锁公司通过夸大宣传手段吸引加盟者，声称自己是国际品牌或有国外背景，是某某明星代言的。然而，这些宣传往往与实际情况不符，误导创业者做出错误决策。

防范建议：创业者应多渠道了解加盟品牌的真实情况，包括查阅官方网站、社交媒体、行业报告等。同时，要保持谨慎态度，不轻易相信夸大的宣传内容。

四、不负责任的承诺

陷阱描述：为了吸引创业者加盟，一些加盟公司会做出保证"100%盈利""绝对不亏损""利润70%""可以两个月回本"等等不负责任的承诺。当然，这些承诺往往无法兑现。

防范建议：创业者应认识到创业投资存在风险，不存在只赚不赔的生意。在选择加盟品牌时，要理性评估市场前景和自身能力，避免被不切实际的承诺所迷惑。

五、后续服务为零

陷阱描述：一些加盟公司在宣传时承诺提供全方位的支持服务，包括选址、装修、培训、营销等。然而，在实际操作中，这些服务往往大打折扣甚至完全缺失，导致创业者孤立无援。

防范建议：在加盟前，创业者应详细了解加盟公司提供的支持服务内容和标准，并要求将这些内容写入合同。

六、合同陷阱

陷阱描述：一些加盟公司会在合同中设置陷阱条款，如单方面变更合同条款、限制加盟商的权利等。这些条款往往对创业者不利，且难以通过法律途径维权。

防范建议：在签订加盟合同前，创业者应仔细阅读合同条款并咨询专业律师的意见。确保合同条款明确、公正、合理且符合法律法规要求。同时，在签订合同时要保持谨慎态度，避免遗漏重要条款或误解合同条款内容。

加盟创业虽然具有一定的优势，但也暗藏着诸多陷阱。创业者要不断提升自身的经营能力和市场敏感度，以应对市场竞争和变化。通过不断学习和实践，掌握先进的经营理念和管理方法，提高品牌影响力和市场竞争力。只有这样，才能在加盟创业的道路上稳健前行，实现自己的创业梦想。

第五节　合法合规，赚钱有道

常言道："君子爱财，取之有道。"追求财富乃人之常情，不过获取方式要合法合规，这样才能长久持有，心安理得地享用获得的财富。在获取财富的过程中，不要被贪婪迷惑了心智，以免误入歧途，碰触了不能触碰的禁区，最终招致祸患，得不偿失。

在准备赚钱之前，首要任务是弄明白哪些钱财是不能赚的，哪些钱是可以赚的，这样才能在合法合规的框架内，凭借勤劳和智慧，赚取真正属于自己的财富。以下几种钱财是不能碰触的禁区，千万不要去碰：

一、不义之财：道德与法律的双重审判

不义之财，简而言之，就是违背道德和法律法规所获得的财富，如通过欺诈、贪污、受贿、偷盗等卑劣手段所得。历史与现实中的无数案例告诉我们：但凡违背道德与法律法规收敛的不义之财，最终都是一场空，不仅财富终将烟消云散，更甚者，还将自食恶果，遭受道德与法律的双重审判，名誉扫地，身陷囹圄，甚至遗臭万年。

安然公司曾是美国能源业巨头，2000年在《财富》世界500强排名第16位，但因大规模会计欺诈而于2001年宣布破产。公司高层通过复杂的财务交易掩盖巨额亏损，欺骗投资者和监管机构。案件曝光后，多位高管被捕，舞弊行为的策划者被联邦大陪审团以78项罪名起诉，公司信誉荡然无存。

虽然不义之财能带来一时的富足，却如镜花水月，最终都将化为泡影。更重要的是，一旦东窗事发，不仅要面临法律的严惩，还将遭受道德的谴责。因此，君子爱财，首当远离不义之财，坚守正道，合法经营。

二、高风险投资：理性与稳健的权衡

有些人为了追求高收益，会忽略高收益背后的高风险，盲目跟风炒股，或者涉足不熟悉的金融市场等，有些人甚至还会借钱、借贷炒股。

可能投资之前，他们只想到涨了自己可以赚到多少钱，不想万一赔了会怎样？要知道任何投资都是有风险了，何况还是有很大不确定性的股市？投资之前一定要理智，不要总想着收益，要想想如果判断失误，或者遭遇黑天鹅事件，一夜之间倾家荡产了，自己能否承受？

真正的投资者应该具备长期投资的心态和稳健的投资策略，而不是寄希望于一夜暴富的神话。真正的财富积累是一个长期而稳健的过程，需要耐心与智慧并重，不要追求一时的暴富。

三、损人利己的钱：短视与长远的抉择

损人利己，就是通过损害他人利益来谋取自己的好处。这种行为看似精明，实则短视。在商业竞争中，以牺牲合作伙伴或消费者的利益为代价换取短期利益的企业，最终将失去市场的信任和支持。

2008年，三鹿奶粉因被曝出含有三聚氰胺，导致大量婴幼儿出现肾结石等健康问题，引发了全国性的食品安全危机。这一事件严重损害了消费者的健康权益，也彻底摧毁了三鹿的品牌信誉，最终三鹿集团破产。

对于个人而言，同样如此。那些通过欺骗、诋毁他人来抬高自己的人，虽然可能暂时获得一些好处，但长期来看，他们的声誉和人际关系将遭受严重损害。因此，在追求财富的过程中，始终秉持着"己所不欲，勿施于人"的原则，尊重他人利益，实现共赢发展。

在当今时代，普通人想找到合法合规的创业机会，首先要学会观察市场，敏锐洞察市场趋势，深入剖析消费者需求的微妙变化，挖掘出消费者真正需要的产品或服务。你可以通过市场调研发掘消费者的需求，或者直接去一些商品或服务的评价中寻找，从那些评价中你也会发现消费者的需求。

发现潜在商机后，需结合自身的兴趣、专长、个人资金状况及可调动资源等多种因素综合考虑，挑选出既契合个人愿景又具备可行性的创业项目。随后，发挥你的创意，打造自己的品牌，使其在众多竞争者中脱颖而出，吸引更多的消费者和投资者。在此过程中，创业者要恪守法律法规的底线，秉持诚信为本的经营理念，逐渐赢得消费者的信任和支持，这样企业才能不断发展壮大。

这是一个机遇与挑战并存、梦想与现实交织的黄金时代。只要你勇敢追寻，肯定能在广阔的天空中，找到属于自己的璀璨星辰，书写属于自己的辉煌篇章。每一次尝试都会离梦想更近一步，只要心怀信念，勇往向前，成功终将属于你。